Yin-Yang

CHRISTOPHER MARKERT

Yin-Yang

Polaridade e harmonia em nossa vida

Tradução
ALAYDE MUTZENBECHER

EDITORA CULTRIX
SÃO PAULO

Título do original:
Yin-Yang

Edição	Ano
2-3-4-5-6-7-8-9-10	89-90-91-92-93-94-95

EDITORA CULTRIX LTDA.
Rua Dr. Mário Vicente, 374 — 04270 São Paulo, SP — Fone: 63 3141

Impresso nas oficinas gráficas da Editora Pensamento.

Sumário

1. A polaridade sempre presente

Nosso tema favorito

A maioria das pessoas pensa sobre o seu relacionamento com o sexo oposto com mais freqüência do que sobre qualquer outro tema. Sempre foi assim, e sempre será. Os pensamentos só são desviados temporariamente do tema número 1 em momentos de atividade intensa e em épocas de necessidade. Em circunstâncias normais, quando as pessoas não precisam se preocupar demasiado com os alimentos, a moradia e a sua segurança, o que lhes importa em primeiro lugar não é o dinheiro, o poder ou a fama, e sim o amor e o relacionamento erótico. Mesmo quando temporariamente sós, elas estão pendentes de recordações ou de sonhos para o futuro. Isso é válido para ambos os sexos, apesar de os homens normalmente se orientarem mais para o sucesso do que as mulheres. Mas muitas vezes a luta do homem pelo êxito surge do desejo de causar uma melhor impressão diante do sexo feminino. Consciente ou inconscientemente, o dinheiro e o poder são utilizados com esse objetivo.

A natureza teve bons motivos para nos dotar de um forte impulso sexual. É de importância vital encontrar o par acertado, formar uma família, e criar filhos. Se os instintos necessários não fossem inatos, a humanidade já há muito estaria extinta. A polaridade entre homem e mulher não foi originada por Adão e Eva, nem descoberta por Sigmund Freud. Já existia há muito tempo, mesmo antes do aparecimento do homem. Criaturas femininas e masculinas que se uniam para criar descendentes já povoavam a Terra há milênios.

O que geralmente designamos como eros, sexo ou amor é apenas um aspecto parcial de nossa polaridade fundamental, que domina todas as facetas da vida orgânica. Essa polaridade aparece como magnetismo, eletricidade, afinidade de átomos, etc., no plano não-orgânico. Faltam as palavras apropriadas às nossas línguas ocidentais para descrever esses fenômenos universais. Entretanto, há séculos os chineses já utilizam um conceito de par, aplicável a todos os níveis da criação, e que mais tarde também foi assumido pela escola zen. Na concepção chinesa do mundo, o nosso universo consiste em yang, o elemento masculino, e em yin, o elemento feminino. Pensamentos semelhantes também são encontrados em algumas filosofias ocidentais, como, por exemplo, nos ensaios de Ralph Waldo Emerson, escritos por volta de 1850:

"Vemos a polaridade, ou ação e reação, em toda parte na natureza; na escuridão e na luz, no calor e no frio, na maré alta e na vazante, no masculino e no feminino, na inspiração e na expiração de plantas e de animais, no ritmo do sangue, dos rios e das tonalidades; nas forças centrífuga e centrípeta; na eletricidade, nas correntes galvânicas e na afinidade química. Assim como a extremidade de uma agulha é magnetizada, na outra extremidade surge o pólo oposto. Quando o pólo sul atrai, o pólo norte repele. Tudo na natureza é dividido, de modo que cada coisa constitui uma metade que precisa ser completada por uma outra coisa: espírito e matéria, homem e mulher, subjetivo e objetivo, interior e exterior, acima e abaixo, movimento e repouso, sim e não... Portanto, enquanto o mundo é dividido dessa maneira, cada parte tem dois pólos. Todo o sistema das coisas está representado em cada parte. Em cada ser, há algo que nos recorda a maré cheia e a maré baixa, o dia e a noite, o homem e a mulher"[1].

Emerson compartilhava da concepção oriental de que os pólos se complementam entre si e de que existe entre eles um equilíbrio dinâmico.

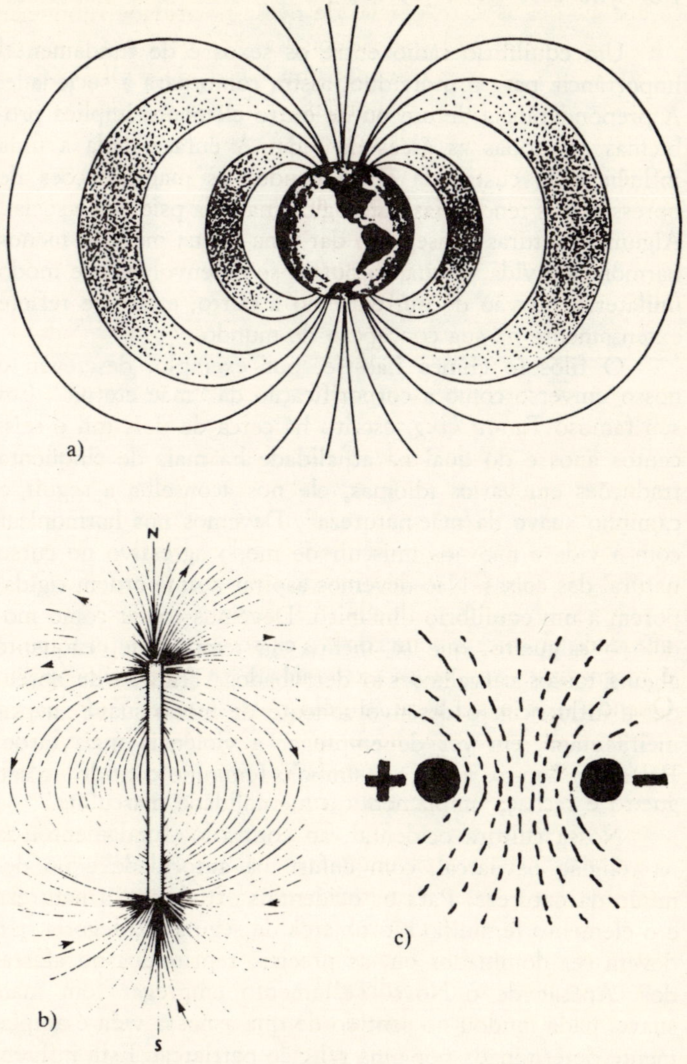

Polaridade como fenômeno universal:

a) campo eletromagnético da Terra

b) linhas de força em volta de um bastão magnético

c) linhas de força entre dois pólos

Um equilíbrio sadio entre os sexos é de fundamental importância para o indivíduo, assim como para a sociedade. A preponderância de um ou de outro elemento implica problemas em todas as áreas da vida. A ênfase dada a uma influência às custas da outra conduz às manifestações de opressão e às tendências patológicas na vida psíquica e social. Algumas culturas conseguem dar uma forma mais ou menos harmônica à vida, enquanto outras se desenvolvem de modo unilateral, ou vão de um extremo a outro, e isso se reflete extensamente na sua concepção de mundo.

O filósofo chinês Lao-tsé, por exemplo, descreveu o nosso universo como a corporificação da "mãe eterna". Em seu famoso *Tao-te king,* escrito há cerca de dois mil e seiscentos anos e do qual na atualidade há mais de cinqüenta traduções em vários idiomas, ele nos aconselha a seguir o caminho suave da mãe-natureza[2]. Devemos nos harmonizar com a vida e não nos imiscuir de modo agressivo no curso natural das coisas. Não devemos aspirar a uma ordem rígida, porém a um equilíbrio dinâmico. Devemos tomar como modelo o salgueiro, que se inclina na tempestade, enquanto alguns toscos carvalhos são derrubados. Trata-se de aprender a influenciar o desenvolvimento de modo suave na primeira etapa, em vez de empregar a violência mais tarde. Portanto, Lao-tsé admira o símbolo feminino contido no salgueiro e rechaça amplamente a mentalidade masculina.

Nossa cultura ocidental, ao contrário, fundamentou-se na religião patriarcal, com ênfase na autoridade e no domínio da natureza. Para os ocidentais ortodoxos, a natureza e o elemento feminino são objetos de segunda categoria que devem ser dominados ou, se preciso, reprimidos ou afastados. Apesar de o Novo Testamento empregar tom mais suave, nada mudou no sentido de que a nossa vida é amplamente determinada por uma religião patriarcal. Esta influência em parte é contestada na atualidade, porém continua válida em quase todas as áreas do cotidiano. Até os ateus costumam usar inconscientemente os modelos de pensamento autoritário inspirados na Bíblia.

O que nos ocorre é semelhante à surpresa do homem

que, certo dia, descobre que fala fluentemente. Estamos fazendo a surpreendente descoberta de que vários de nossos hábitos de vida e pensamentos se apóiam na noção de que o nosso mundo foi criado por um homem idoso, sem ajuda feminina. Aqueles que cresceram fora do círculo da cultura ocidental, acham os homens e também as mulheres ocidentais inquietos, agressivos e inimigos da natureza. Por outro lado, eles normalmente admiram o nosso modo sistemático de ser e os nossos êxitos tecnológicos.

Há no *I ching*, o *Livro das Mutações* chinês, que remonta a mais de quatro mil anos na Antiguidade, uma interessante síntese dos elementos masculino e feminino, existentes em conseqüência das forças cósmicas de pai e mãe, três filhos e três filhas[3]. Em sua introdução à tradução de Richard Wilhelm, o famoso psicólogo C. G. Jung relata como estudou esse livro durante anos, afirmando que lhe deve inúmeros conhecimentos profundos. Confúcio utilizava esse texto como uma Bíblia, e dizem que aos setenta anos ele teria afirmado que gostaria de passar mais cinqüenta estudando o *I ching*.

Quando descobri esse livro pela primeira vez, há vários anos, quase nada se ouvia a respeito do movimento feminino, e os estudiosos ainda não haviam aprendido a fixar o seu oráculo no *I ching*. Desde então começamos a questionar a nossa escala ocidental de valores e a avaliar o relacionamento entre os sexos na nossa sociedade, orientada pelo elemento masculino. Estamos prontos para aprender mais sobre o Oriente do que fizemos até agora, assim como o Oriente também aprende muito conosco.

Principalmente a noção chinesa da harmonia entre yin e yang parece agir sobre os nossos poderosos modelos de pensamento ocidentais como algo liberador. O elemento maternal-yin e o paternal-yang se complementam e têm igual valor, assim como acontece com homens e mulheres. Portanto, não se almeja ou justifica a superioridade de um pai celestial todo-poderoso, e sim uma harmonia entre o pai-céu e a mãe-terra. Conseqüentemente, o objetivo da vida não é chegar ao céu, porém criar um céu sobre a terra. O relacionamento físico entre os sexos não é considerado pecaminoso, porém como uma purificadora reunião de forças cósmicas no nível humano.

Essas noções "eróticas" são características da cultura e do modo de vida oriental. Embora com freqüência sejam mal interpretadas até pelos próprios orientais, elas podem conduzir a uma atitude mais sadia quanto ao sexo, à natureza, ao corpo, ao inconsciente e a vários outros aspectos do cotidiano. Em nossa própria cultura essas coisas parecem não se enquadrar bem na ordem geral das coisas: precisam ser "civilizadas" ou reprimidas. Em nossas escrituras religiosas o amor corporal é condenado até como "pecado original", ou então, cala-se a esse respeito, com se fosse um tema desagradável. O resultado é uma espécie de neurose coletiva da qual todos sofremos, em maior ou menor grau. É evidente que nunca houve uma cultura realmente ideal, mas ao menos podemos tentar estabelecer condições razoavelmente normais.

O impulso definitivo para escrever este livro surgiu quando descobri as escrituras dos essênios, recém-traduzidas por B. Szekely[4]. Através delas, podemos entrever que a princípio havia, em nossa cultura, um equilíbrio sadio entre as influências maternas e as paternas, e que há uma conexão direta entre essas primitivas noções e o conceito yin/yang do Extremo Oriente. Entretanto, no decorrer dos séculos o elemento feminino foi afastado propositalmente dos nossos textos religiosos ocidentais, de modo que só restou a Trindade do Pai, do Filho e do Espírito Santo como influência decisiva.

Agora esses fatos estão pouco a pouco se esclarecendo para nós. Reconhecemos que precisamos criar uma nova harmonia em todas as áreas da vida cotidiana:

entre homem e mulher,
mãe e pai,
pais e filhos,
e entre o indivíduo e a sociedade.

Este conhecimento também vai nos ajudar, em nível individual, a encontrar um melhor equilíbrio entre:

o consciente e o inconsciente,
nossos pensamentos e emoções,
a lógica e a intuição,
o corpo e o espírito.

Enquanto perseverarmos em nossas noções estipuladas pela supremacia da razão e dos homens, teremos a tendência a reprimir os nossos sentimentos, a desprezar as funções do nosso corpo e a utilizar a lógica rígida onde a intuição seria mais oportuna; nos sentiremos sós no mundo racional e frio que nós mesmos criamos. A interligação entre os sexos permanecerá superficial e artificial, o equilíbrio entre pai e mãe será destruído, e as crianças já não se integrarão bem em nosso mundo. Continuaremos a sofrer com conflitos internos, ódios e sentimentos de culpa, e projetaremos esses sentimentos sobre os nossos parentes, conhecidos, amigos, vizinhos, e sobre o mundo todo. Nessa atmosfera tensa, surgirão várias ocasiões para conflitos sociais e militares.

Os temas aqui mencionados serão discutidos nos próximos capítulos visando soluções práticas. Outras considerações que resultarem delas serão tratadas no final do livro.

Alguns leitores se decepcionarão com o livro, pois ele evidencia as fraquezas do credo que lhes foi transmitido. Outros saudarão as novas perspectivas através das quais podemos solucionar um problema fundamental e encontrar um caminho para um futuro mais feliz.

O divino par

A polaridade entre os sexos saltou aos olhos da humanidade pré-histórica de modo tão evidente que a maioria das culturas primitivas tinham uma cosmologia dominada igualmente por forças masculinas e femininas. Em geral, os papéis principais eram desempenhados pelas figuras do pai e da mãe. Como já sabemos, muitas vezes a mãe era simbolizada pela terra e o pai pelo céu.

Essas noções remontam à Idade da Pedra e a períodos ainda anteriores. É provável que a versão mais antiga e conhecida seja a já mencionada no *Livro das mutações*. Segundo esse texto, todas as coisas em nosso universo são compostas do elemento yang (masculino) e yin (feminino). O sol, por exemplo, é yang e a lua, yin. O coração do homem é yin e o seu intelecto, yang. O consciente é yang e o inconsciente é yin, e assim por diante.

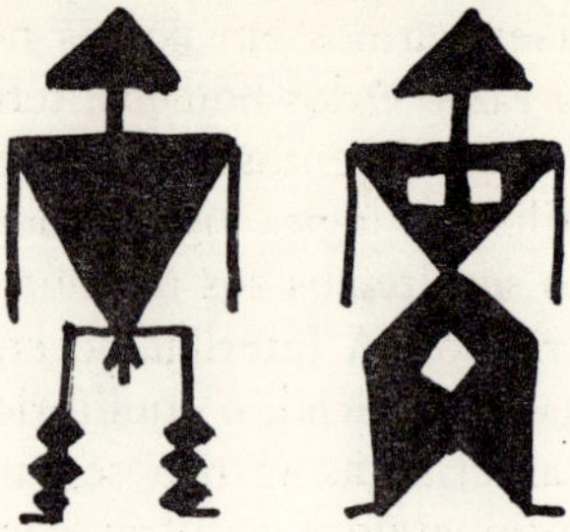

Modelo em cerâmica da Mesopotâmia, de cerca de 5000 a.C.

O intercâmbio das divindades masculinas e femininas também se encontra na mitologia da Índia, segundo a qual toda a criação se baseia em uma energia maternal divina, acima da qual há um deus celeste. O panteão dos antigos gregos era regido por Zeus e por sua esposa, Hera. No Egito, os deuses eram Ísis e Osíris e, em Roma, Júpiter e Juno. No norte da Europa, o par divino denominava-se Odin, ou Wotan, e Fréia, ou Frigga. Até hoje existe um rastro da deusa-mãe pagã na palavra alemã *"Freitag"* [sexta-feira], e em inglês na palavra *"Wednesday"* [quarta-feira], o dia de Wotan, dedicado ao antigo deus-pai germânico.

Na antiga Mesopotâmia, venerava-se a deusa maternal da terra, Inana, da qual descende a humanidade. O deus historicamente mais jovem do Velho Testamento, ao contrário, não precisava de nenhuma ajuda feminina para gerar filhos. Ele criou o primeiro homem de um simples pedaço de barro. Somente mais tarde, veio-lhe a idéia de criar também uma mulher, e o fez a partir da costela do homem. Portanto, a mulher é secundária, e pode ser reproduzida de uma parte do homem. Seria quase impossível conceber uma história da criação que vá mais ao encontro da vaidade e da presunção masculinas. Todas as religiões monoteístas paternalistas (a cristã, a maometana e a judaica) desde as suas bases são distorcidas a favor do homem e da mentalidade masculina. Isso em parte se explica pelo fato de que todos se originaram de tribos nômades, que sobreviviam em regiões desertas e inóspitas. Nesse ambiente, as virtudes masculinas eram com freqüência mais importantes para a sobrevivência do que as femininas. O Jeová bíblico surgiu originariamente na península do Sinai, onde era conhecido como deus da guerra (Jahwe Sabaoth). Uma explicação mais ampla da origem da religião paternalista jaz no fato de que para essas tribos nômades a criação de gado desempenhava um papel relevante. Aos olhos de um pastor de ovelhas, o bode parece, de certa forma, todo-poderoso em sua potência procriadora.

Será útil esse conhecimento?

Talvez você agora se pergunte se esse conhecimento tem utilidade prática. Ele se refere de fato à sua vida diária, e vale a pena escrever um livro inteiro sobre esse tema? Pode-se responder que quanto ao sexo oposto a sua atitude ocupa uma posição absolutamente central na vida. A relação entre homem e mulher está estreitamente ligada à relação entre consciência e inconsciência. Um conflito contínuo entre as forças conscientes e inconscientes sem dúvida gera sintomas de neurose. Se, nessa área a sua colocação for irreal, quase tudo o que você faz ou pensa acabará por ficar mais ou menos distorcido. Um enfoque unilateral gera problemas espirituais e corporais, insatisfações e conflitos no trato com as outras pessoas. A sua escala de valores se distorce em todos os âmbitos da vida. Então, você anseia por coisas de que realmente não precisa, e menospreza outras coisas que são muito significativas para a sua felicidade. Você tenta impressionar os outros porque desacredita secretamente de si mesmo. Envolve-se facilmente em brigas e provoca acidentes.

Se, ao contrário, você cultivar uma atitude equilibrada, poderá harmonizar-se com as leis cósmicas em todos os âmbitos da vida, além de usufruir das vantagens correspondentes. Você ficará contente por ter uma saúde melhor. Os seus projetos lhe darão maior alegria, e lhe será mais fácil realizá-los; encontrará uma ocupação mais gratificante e atuará em algo útil e construtivo. Os problemas externos serão mais facilmente solucionados porque você se harmonizará com o seu eu interior. Sentir-se-á bem no mundo.

Quando você está em uníssono com a vida, as idéias

tornam-se mais realistas e a realidade mais próxima do ideal. As teorias tornam-se mais práticas, e a prática corresponde mais aos planos. Os sonhos se realizarão com mais freqüência do que até agora. Você parece alcançar mais, apesar de esforçar-se menos. Acontecimentos favoráveis parecem ocorrer com maior freqüência, e os acidentes são evitados. A vida parece ter mais sentido, e a sua atividade ganha importância. Você se concentra em atividades e relacionamentos mais importantes.

Ainda que de vez em quando surjam obstáculos e experiências desagradáveis, você consegue transformá-los em algo construtivo com muito maior freqüência do que antes. Ao mesmo tempo, você encara a vida com maior flexibilidade, e o seu espírito faz menos cobranças e se torna "mais inteligente".

2. Três caminhos comprovados para a felicidade e o sucesso

A vida coloca todos diante da mesma tarefa

Os textos religiosos servem principalmente para nos mostrar como podemos solucionar nossos problemas do cotidiano, ao compreendermos a ordem cósmica e vivermos segundo o seu ritmo. O *Livro das mutações* oferece um modelo de pensamento com a ajuda do qual os reis e os sacerdotes reconheciam o futuro, podendo tomar decisões. A Índia de antanho consultava o famoso *Bhagavad-gītā,* a fim de pedir conselho para encontrar o caminho certo, de pensamento e de atuação, nas diferentes situações da vida. Os índios hopis, do Arizona, até hoje seguem tradições que lhes indicam como devem assegurar-se de uma boa colheita de milho, invocando a deusa-mãe do milho e semeando no momento devido.

Homens e mulheres pré-históricos tinham basicamente os mesmos problemas e possibilidades de sucesso com que nos deparamos hoje: conseguir alimento, habitação e espaço vital, cultivar boas relações com os vizinhos, proteger-se contra elementos inimigos, casar-se e criar os filhos, encarar um futuro incerto e encontrar um sentido na vida, ao compreender a ordem cósmica.

Algumas culturas alcançam mais sucesso nesse sentido do que outras. A nossa atual cultura ocidental, para citar um exemplo, parece não se harmonizar muito bem com a vida. Para obter uma perspectiva comparativa, pesquisaremos neste capítulo três modelos de pensamento comprovados no passado. Ainda que certamente não sejam desprovidos de fraquezas, distinguem-se pelo seu equilíbrio. São menos perturbadores, isto é, são menos racionalizados, mais sensuais e não tão inimigos da natureza como os de nossa cultura ocidental, e reconhecem de fórma ampla que homens e mulheres têm as mesmas aptidões.

A árvore da vida dos essênios

Nossos textos religiosos ocidentais foram exaustivamente "limpos" de todas as influências eróticas e femininas, por um grande número de papas, padres e monges celibatários.

Quando, por volta de 1940, foram encontrados os rolos contendo as escrituras dos essênios, junto ao mar Morto, nas proximidades de Jerusalém, uma outra verdade veio à tona; porém, sobre ela houve um silêncio mortal por parte das instituições religiosas. Os rolos de pergaminho comprovaram que muitas das parábolas e episódios atribuídos a Jesus eram, na realidade, parte dos ensinamentos essênios, anteriores a Cristo. Os essênios eram uma comunidade religiosa influente, cujas raízes espirituais remontam através dos séculos a origens centro-asiáticas. A árvore da vida representava o eixo central de sua religião; seus ramos simbolizavam o "reino do pai celestial", enquanto as raízes representavam o "reino da mãe-terra".

As cerimônias religiosas tanto eram dedicadas ao pai celestial como à mãe-terra. Portanto, os essênios não compartilham a idéia monoteísta unilateral que se encontra no Velho Testamento, segundo a qual o mundo foi criado por um homem velho e todo-poderoso.

As idéias dos essênios parecem invulgarmente equilibradas e humanas, exprimem uma orientação sadia diante do materno, da terra, do corpo e do amor físico. A comunidade era formada por pessoas práticas que sabiam muito a respeito de curas e de lavouras. Segundo algumas fontes, a palavra "essênio" significa "aquele que cura".

Parece que Jesus foi influenciado pelos seus ensinamentos. Ele citava várias de suas parábolas e comparações, e devido a seu poder de cura, era conhecido como "Salvador". É de se supor que ele foi membro dessa comunidade por algum tempo. Alguns cientistas acreditam que o seu verdadeiro pai (e, portanto, não o seu padrasto José) era essênio.

Os rolos de escrituras do mar Morto nos mostram, portanto, por que havia uma diferença tão particular entre o deus suave, descrito por Jesus, e o deus vingativo e avesso às mulheres do Velho Testamento, Jeová. Além disso, elas contêm o elo entre as concepções de vida oriental e ocidental. A metade superior da árvore da vida corresponde claramente ao princípio yang, ao passo que a metade inferior simboliza o princípio yin.

O mundo ocidental está reconhecendo paulatinamente que despreza ou reprime a metade inferior de sua árvore da vida. Destruímos as nossas próprias raízes, perdendo a conexão com o nosso "eu interior". Somos dominados pela razão incansável e agressiva, e, sob o pacífico manto do cristianismo, oculta-se o deus arrogante do Velho Testamento.

Nosso mundo do deus-pai exige antes de tudo obediência, ordem, disciplina, ambição, autocontrole e o domínio do meio ambiente. Em princípio, nada se pode objetar a um convívio moderado com essas características contrárias, que um pai, pela sua própria natureza, não pode fornecer. Só a mulher pode nos mostrar realmente o que é o amor e um lar harmonioso, como se pode conviver espontaneamente em sintonia com a natureza à nossa volta e em nosso interior. Quando algumas mulheres ocidentais já não o conseguem, é culpa de uma educação monoteísta, influenciada pelo pensamento machista.

Embora o "Filho de Deus" revele alguns traços femininos, ele em última análise também é um homem e uma parte da religião paternalista. Até a "mãe de Deus" não é uma parceira do mesmo nível de Deus, e, por ser imaculada, foi dispensada do amor corporal pecaminoso. Ela já não tem nada mais em comum com as deusas-mães anteriores a Cristo e com sua força vital erótica.

Os rolos que contêm as escrituras dos essênios ainda

permitem vários outros vislumbres no modo de pensar e de viver antes de Cristo; no fim do livro voltaremos a esse tema.

O mundo da ioga

O complicado sistema iogue foi desenvolvido na Índia antiga. A palavra "ioga" é de origem indo-européia e significa "união". Almeja-se uma harmonia dos contrários entre corpo e espírito, consciente e inconsciente, e entre os princípios masculino e feminino. Os iogues acreditam numa força cósmica unificadora que cuida para que haja um eterno equilíbrio. Uma energia maternal divina contém a vida, enquanto uma energia paternal divina a orienta e organiza.

Uma parte dos ensinamentos se refere a treinamentos corporais e é chamada de hataioga, o que significa algo como "união do Sol e da Lua". O Sol simboliza o lado consciente e espiritual da natureza humana, enquanto a Lua representa o lado corporal inconsciente.

Uma outra parte do ensinamento é denominada rajaioga (ioga real). Almeja a harmonia criativa entre forças conscientes e inconscientes, principalmente através de exercícios respiratórios e de meditação.

A kundalini-ioga reúne a energia vital que está assentada na extremidade inferior da coluna vertebral, com a energia espiritual que ingressa no corpo vinda de cima, muitas vezes com resultados surpreendentes.

Visto como um todo, o sistema iogue oferece um modo de vida que reúne todos os aspectos da natureza humana em si. Através dos exercícios da ioga, visa-se a realização do pleno potencial humano, e o objetivo é uma personalidade equilibrada e sadia. Sua prática ajuda os homens a encontrar a paz interior e a solucionar os problemas exteriores.

Ainda que alguns ensinamentos indianos se afastem da realidade, conduzindo à fuga do mundo, à ascese e à submersão, a maioria deles abre muitas perspectivas úteis. Comparadas à multiplicidade e à profundidade dos ensinamentos indianos, nossas noções ocidentais sobre o mundo parecem unilaterais, espiritualmente empobrecidas e superficiais.

O conceito yin/yang chinês

Desde épocas pré-históricas, os chineses já acreditavam que o mundo era formado pelas forças primordiais yin e yang. Até na China comunista de hoje, a maioria das pessoas está convencida de que só pode ser feliz e ter sucesso quando vive em sintonia com essas forças cósmicas. Ambos os elementos são considerados de igual valor e juntos formam o *Ki* ou *Chi,* a fonte de energia da vida cósmica. Todavia nenhuma dessas forças tem algo a ver com o nosso conceito de "Deus". A palavra "Deus" não existe na língua chinesa.

O jogo conjunto ying-yang em eterna mutação determina não apenas o relacionamento entre os sexos, como também o equilíbrio de todos os outros pares, ou dos pares de conceitos que constituem uma unidade polarizada, como, por exemplo: corpo e espírito, consciente e inconsciente, o ideal e a realidade, direita e esquerda, governo e oposição, acima e abaixo, galhos e raízes, doce e salgado, dia e noite, etc. Cada pólo tem valor idêntico ao outro, os pólos se completam e se necessitam mutuamente. No entanto, quando o equilíbrio habitualmente existente entre eles é perturbado, ambas as partes mostram o seu lado destrutivo e maléfico. Portanto, a nossa meta não é incentivar um pólo em prejuízo do outro, por parecer-nos "melhor", porém visar um equilíbrio que beneficie ambos os pólos.

Neste ponto, o pensamento oriental diverge fundamentalmente do nosso. A cultura chinesa, a mais antiga do mundo, pelo visto desenvolveu um sentido de equilíbrio e de humor que falta à maioria dos ocidentais. Por outro lado, não é nenhum mistério o fato de os orientais, às vezes, confiarem demasiado nesse "sexto sentido", perdendo-se em especulações irracionais e em superstições. Vários textos taoístas parecem incluir-se nessa categoria, e seria necessário separar cuidadosamente o joio do trigo. Além disso, o equilíbrio yin-yang almejado é muitas vezes difícil de ser alcançado, e se perde facilmente.

3. O relacionamento entre homem e mulher

A revolta contra os papéis tradicionais

Os papéis sexuais tradicionais do homem forte e da "boneca de porcelana" provaram ser irreais e limitadores para ambas as partes. Apesar de o homem e a mulher serem diferentes em muitas coisas, eles também têm muito em comum. Toda mulher possui determinadas características yang, masculinas, e todo homem possui determinadas características yin, femininas. O homem pode ter posição de liderança no âmbito do trabalho, porém, em casa, ele cede com prazer à sua mulher as resoluções que concernem à família e à casa. Uma mãe pode desempenhar um papel feminino na relação com seu marido, porém pode proceder como protetora e professora na relação com os filhos. Quando uma mulher tem uma profissão, precisa muitas vezes assumir um papel "masculino" no mundo dos negócios. Um homem mostra traços "femininos" quando ele cuida de um doente.

A raça humana provou que é relativamente bem-sucedida, porque somos espiritualmente adaptáveis e, em caso de necessidade, podemos desempenhar os mais variados papéis. Nisso nos diferenciamos dos animais, que desempenham um papel específico, atuando instintivamente. Ao mesmo tempo, é evidente que os sexos se diferenciam substancialmente e que, no decorrer de um milênio, foi-se desenvolvendo uma certa divisão de trabalho no interior da família. Homens e mulheres não se diferenciam apenas fisicamente, mas também em espírito, e seu modo de pensar corresponde a essas diferenças.

Contudo, numa cultura de orientação masculina como

é a nossa, o papel e a mentalidade do homem são considerados mais interessantes e relevantes. Freqüentemente a mulher desempenha apenas uma função subalterna, quando se trata de produzir resultados espirituais, culturais e econômicos. Na maioria das vezes, ela só marca a sua presença para colocar homens no mundo, para tratar deles e consolá-los quando eles retornam de suas gloriosas excursões, e para servi-los como "objeto sexual", disponível para suas conquistas e prazeres.

As mulheres recusam esse enfoque, e algumas autoras do movimento feminista fizeram justiça ao seu sexo esboçando um quadro oposto a esse. Elas apontaram o fato de que a maioria das sociedades pré-históricas veneravam deusas e eram, em grande extensão, regidas por mulheres [5]. Citaram historiadores e arqueólogos segundo os quais essas sociedades viviam muito mais pacífica, humana e harmonicamente do que os patriarcados agressivos e neuróticos da atualidade. Alguns defensores dos direitos femininos preferiram inverter os papéis dos sexos. De acordo com seu ponto de vista, o homem só serve para manter e proteger a mulher. Além disso, ele existe para realizar todos os desejos femininos e para fazer o trabalho desagradável e perigoso. Os homens obedientes serão recompensados sexualmente e de outras maneiras, e ser-lhes-á permitido cumprir certas tarefas na hierarquia matriarcal.

Os papéis sexuais tradicionais também foram questionados por homossexuais e por lésbicas, que acreditam que a função meramente heterossexual é grosseira e humilhante para ambos os sexos. Eles apontam para o fato de que cada mulher tem traços masculinos, e vice-versa. São de opinião de que as pessoas podem se desenvolver de modo mais pleno se também derem vazão a seu lado latente.

Contudo, a maioria das pessoas, na realidade, não tem tais tendências. Porém, em presídios e outras situações peculiares, onde os sexos vivem separados por anos a fio, é comum que logo se manifestem sentimentos e atividades homoeróticas. O mesmo acontece com freqüência com pessoas que vivem em "gaiolas espirituais" e que, por um motivo ou outro, não têm nenhum contato com o outro sexo. Quanto mais complicada e antinatural se torna uma sociedade, tanto mais parece comprovar-se uma homossexualidade latente ou aberta. Vários cidadãos "normais" sentem-se ameaçados pela "anormalidade" que vêem nos outros, pois procuram reprimir em vão as suas próprias inclinações.

Em última instância, o que precisamos não é tanto de uma inversão dos papéis sexuais ou de uma supressão das diferenças sexuais, e sim de uma nova compreensão dos sexos. As mulheres que desenvolvem suas características yang podem realizar-se mais plenamente e compreender melhor os homens. O mesmo é válido para o homem, no sentido oposto. Quando, entretanto, cada sexo avança sobre o âmbito original do outro, isso só acarreta um acréscimo de desempenhos artificiais e sentimentos de mágoa.

Podemos alcançar uma nova perspectiva, ao pesquisarmos as bases biológicas da vida e pensarmos em como, a princípio, surgiram as diferenças sexuais. A biologia, ciência da vida, pode nos revelar por que a natureza inventou os sexos.

Biologia e zoologia do sexo

Podemos designar a diversidade dos sexos como um artifício posterior da natureza, através do qual ela acelera a evolução dos diversos seres vivos. As primeiras criaturas multiplicavam-se simplesmente através da divisão de células, pelo fato de cada uma dividir-se em duas partes, e assim por diante. Somente após vários milênios, algumas células começaram a dividir a tarefa de reprodução entre si, e assim se originaram os sinais sexuais. Então os indivíduos mais capazes de cada geração podiam se unir e produzir novas combinações de genes superiores, detentores de maiores chances de sobrevivência, sob condições alteradas de vida.

Os biólogos sabem que todos os cromossomos são constituídos de componentes masculinos e femininos, e que este fato também se dá em todos os seres vivos mais elevados, inclusive os humanos. Os homens podem ser considerados como organismos másculo-femininos orientados para fora, e as mulheres aparecem correspondentemente como organismos fêmeo-masculinos orientados para dentro. Os órgãos sexuais masculinos são dirigidos para fora e os femininos, para dentro. A bissexualidade só é encontrada entre os seres mais primitivos, entre os quais os papéis sexuais ainda não são diferenciados. Porém, o corpo humano até hoje mostra rastros do seu passado evolutivo.

Homens e mulheres diferenciam-se principalmente pelos papéis diferentes que desempenham na reprodução. Uma mulher permanece grávida durante nove meses, e depois alimenta e cuida da criança durante vários anos. Enquanto isso, permanece relativamente desamparada e indefesa, e o seu homem assume geralmente o papel de protetor. Quando uma mulher não tem um homem, ela precisa geralmente recorrer à ajuda de amigos, parentes ou instituições.

Esta mesma antiqüíssima distribuição de papéis entre os sexos, também pode ser observada quando grupos de macacos, por exemplo, atravessam regiões novas. As extremidades do grupo são respectivamente formadas por machos fortes, enquanto as fêmeas e as crias permanecem mais ao meio, a salvo das feras. Em nossa atual sociedade de "macacos nus", as mulheres já não são mais ameaçadas por animais selvagens, porém precisam ser protegidas, juntamente com os filhos, de outros perigos. Os homens já não vão à caça para buscar alimento, porém precisam vencer concorrentes no trabalho, conquistar mercados e avançar espiritualmente em outros domínios.

Esta divisão de papéis é tão lógica e inevitável, que a vemos repetida mil vezes em todas as sociedades, com poucas exceções. Nela podemos perceber mais um exemplo da estrutura yin-yang da vida. Fica subentendido que as mulheres também podem desempenhar outros papéis enquanto ainda não têm filhos, ou depois que seus filhos se tornam independentes. Todavia, se não encararem seu papel de mãe com seriedade, ou entregarem seus filhos a "substitutos", as crianças sofrerão durante toda a vida por isso.

Se a diferenciação entre homem e mulher é um artifício da natureza, podemos considerar o amor entre homem e mulher como mais um progresso da evolução. Seres vivos primitivos simplesmente copulam, porém depois não vivem juntos, e a cria fica entregue a si mesma, ou apenas à mãe. Entre os homens e os animais mais desenvolvidos, os filhotes precisam de anos de muita proteção e amor. Os pais precisam formar um "ninho" acolhedor e providenciar uma atmosfera harmoniosa. Um casal unido por um laço forte de amor cria em geral crianças mais saudáveis, com melhores chances de sobrevivência, do que um casal que vive em conflito ou separado.

O misterioso sexo feminino

Homens e mulheres tentam continuamente compreender-se mutuamente, com sucessos alternados. Os homens freqüentemente visualizam as mulheres como criaturas misteriosas, dotadas de profunda sabedoria e capacidades acima do normal, ou então como meras meretrizes irracionais e voluntariosas. Por outro lado, as mulheres admiram com freqüência os seus homens como heróis geniais, dotados de uma vontade firme, ou então os desprezam devido à sua frieza e grosseria.

Esta diferença básica entre os sexos é facilmente explicável pela polaridade entre yin e yang. A mesma polaridade também existe, inerente a cada pessoa, entre consciente e inconsciente.

A melhor afirmação do espírito yang é quando ele se ocupa de eventos externos, ou melhor, de um evento após outro, em seqüência lógica. Contudo, ele não tem a capacidade de executar várias tarefas ao mesmo tempo, ou de perceber intuitivamente uma situação.

O espírito yin, ao contrário, pode captar a realidade em imagens amplas e coloridas. Percebe as coisas de modo geral e sincrônico. Pela sua natureza, é incapaz de pensar concatenadamente. Entretanto, sente de modo espontâneo se a coisa está "em ordem" ou não, sem precisar esclarecer esses sentimentos individuais de forma racional. Quando é forçado a expressar uma opinião, costuma dar uma resposta irracional ou confusa. Os sonhos são uma expressão do espírito yin. Apesar de terem um profundo significado, dificilmente se pode interpretar suas imagens confusas pela razão.

O espírito yin também tem capacidade de imaginar visualmente o início e o fim de uma evolução, ou de captar uma ligação espacial ou temporal. Estas capacidades que beiram o mágico e o paranormal, encontram-se mais ou menos em todas as pessoas, porém se manifestam mais explicitamente nas mulheres. Expressam-se de modo criativo e construtivo enquanto os sexos se entendem, porém se tornam destrutivas quando há conflito.

Harmonia entre homem e mulher

Em certo sentido, o homem e a mulher são os dois lados de uma mesma moeda e, pela sua própria natureza, tendem a se harmonizar. São simplesmente "feitos um para o outro", porém, por causa de suas funções diferentes, observam a vida de ângulos diversos, o que eventualmente pode conduzir a atritos.

Os parceiros só podem superar os períodos de conflito com sucesso quando há uma mútua confiança básica. A confiança recíproca, por seu lado, fundamenta-se na autoconfiança. Aqueles que se desprezam secretamente, procurando minar a autoconfiança do parceiro com alfinetadas, não podem manter de pé um relacionamento harmonioso. Naturalmente pode acontecer que alguém tenha escolhido desde o início um parceiro impróprio. Contudo, em geral, o conflito deve-se à falta de harmonia interior.

Um homem só pode entender e amar realmente uma mulher quando ele se harmoniza com a própria natureza yin; e uma mulher pode ajudá-lo a encontrar essa harmonia. Enquanto ele reprimir os sentimentos ou desprezar o seu corpo, o seu amor só pode permanecer superficial. Do mesmo modo, a mulher só pode realmente compreender e amar um homem quando está em sintonia com a sua natureza yang. Enquanto ela não se entender com a lógica, e negar a direção masculina em certas áreas, o seu amor por ele permanecerá superficial. Devido à própria natureza, a mulher em geral tem melhor intuição quando se trata de aspectos yin (como o amor) da vida, enquanto o homem denota mais talento para tratar de aspectos yang (como o sucesso exterior).

Homens e mulheres só podem apresentar os seus melhores aspectos mútuos quando se entendem bem com os seus opostos, intimamente interligados com a polaridade homem-mulher. Conflitos acontecem naturalmente quando o homem:

— despreza o corpo e considera o amor físico como algo baixo ou pecaminoso;
— nunca segue os sentimentos, querendo resolver tudo pela razão;
— quer explicar tudo pela lógica, ignorando a poesia da vida;
— conduz-se demasiado pelos parâmetros do meio ambiente, desatendendo às necessidades interiores;
— flutua num mundo espiritual, menosprezando o plano material.

Um relacionamento harmonioso é alcançado com maior facilidade quando os parceiros:

— têm uma atitude sadia em relação ao próprio corpo, sem entretanto deixarem-se dominar totalmente pelas necessidades corporais;
— dão livre vazão a seus sentimentos, com tato e de modo sensato;
— deixam a sua intuição criativa livre, sem, entretanto, se tornar infantis ou supersticiosos;

— realizam as suas necessidades interiores de amor e aconchego, sem esquecer os deveres sociais;
— tratam de suas necessidades materiais, sem deixar de dar atenção às suas ambições mais elevadas e espirituais.

Um relacionamento entre homem e mulher que tenha sentido deve abranger todos esses aspectos, para ser harmonioso. Entretanto, há forças poderosas que atuam em nossa cultura ocidental no sentido de destruir tal equilíbrio harmônico, como se mostrará no próximo capítulo.

4. A vida é um jogo de equilíbrio

Neuróticos de sucesso e fracassados felizes

Pode-se analisar a vida como um esforço contínuo para conservar o equilíbrio entre as circunstâncias interiores e exteriores. É preciso que saibamos lidar com o que nos rodeia, e conosco mesmos. Assim também um casal deve tentar encontrar um equilíbrio sadio entre as necessidades interiores e as exteriores. Do ponto de vista exterior, o casal se esforça para ter sucesso econômico e social e, interiormente, o homem e a mulher desejam entender-se da melhor forma possível. Em geral, o homem interessa-se mais pelo êxito exterior, ao passo que a mulher tem uma necessidade mais forte de segurança e de um amor duradouro. As organizações políticas e comerciais também têm de afirmar-se, por um lado, contra a concorrência e, por outro, têm de tratar de sua harmonia interior. Essa problemática interior e exterior encontra-se, aliás, em todos os seres vivos, desde as amebas ao animal mais desenvolvido.

Nesse caso, qual será o âmbito mais importante, o interior ou o exterior? Há culturas que dão maior ênfase à harmonia interior. Outras culturas visam mais ao sucesso externo e ao domínio do meio ambiente. Pode-se dizer que, de um modo geral, as culturas orientadas para valorizar mais o masculino, denotam um maior sucesso no âmbito exterior, enquanto as culturas que enfatizam o feminino estão mais aptas para estabelecer satisfações interiores. Ambos os elementos encontram-se naturalmente em todas as culturas, porém é freqüente que prepondere um ou outro deles.

A nossa própria cultura, permeada por uma religião paternalista, também prega a paz, o amor e a harmonia interiores, porém não se tem comprovado como especialmente bem-sucedida nessas áreas. O espírito masculino (yang) tende a supervalorizar as virtudes masculinas em detrimento das femininas. A maioria dos ocidentais dá mais valor ao sucesso exterior do que à harmonia interior. Admiram o homem que vence os concorrentes, que inventa novas técnicas ou mata os inimigos, porém quase não dão atenção à mulher que cria um lar feliz, cozinha uma comida saudável ou educa crianças felizes. Festejam vôos gloriosos e caros à Lua, mas pouco fazem contra a decadência e a criminalidade nas grandes cidades. Vão à igreja aos domingos para rezar ao pai celestial, enquanto sujam e violentam a mãe-terra durante a semana.

Isso não significa que as funções interiores sejam mais importantes do que as exteriores. Cada organismo vivo precisa de uma casca grossa para poder sobreviver em casos de necessidade; precisa cuidar do espaço vital e ter um embasamento material, e afirmar-se contra inimigos. Precisa ser espiritualmente flexível e estar atento a novidades. Se ele despreza essas coisas e só se preocupa com suas necessidades interiores e sua tranqüilidade de espírito, sua auto-realização, seus prazeres sensuais e sua reprodução, não poderá sobreviver por muito tempo. Porém, um organismo que vá ao outro extremo e despreze suas necessidades interiores tem poucas chances de sobrevivência por sofrer um grande peso de conflitos íntimos. Pode ter sucesso em outros sentidos, mas será continuamente assediado por neuroses e doenças psicossomáticas. Deparamo-nos com inúmeros "neuróticos de sucesso" em sociedades orientadas ao exterior (yang) como a nossa, ao passo que em sociedades orientadas ao interior (ying), como a da Índia, a maioria das pessoas podem ser descritas como "fracassados felizes".

Mal vale a pena lutar por esses extremos, pois não revelam as melhores qualidades dos homens. O ideal sempre seria criar uma cultura equilibrada, que realizasse tanto as necessidades interiores como as exteriores na mesma medida. Em última instância, o que todos nós precisamos não é um sucesso exterior total, nem uma paz de espírito que perdure toda uma vida, e sim um pouco de ambas as coisas.

Sucesso interior e exterior

Há dois extremos que exemplificam o tema sucesso e fracasso: os judeus e os indianos. Vê-se muita pobreza, doença e fome na Índia e, ao que parece, isto é aceito como coisa normal pela população. A maioria dos textos religiosos indianos descrevem a vida como um degrau anterior à próxima encarnação. As pessoas esperam nascer em circunstâncias melhores em cada encarnação, até serem finalmente liberadas da miséria humana e se integrarem no universo. O que visam alcançar nesta vida, portanto, não é o sucesso ou os bens materiais, e sim a harmonia com as leis cósmicas através da meditação e da continência. Pela escala de valores indiana, a união com o "eu interior" encontra-se bem acima, e aspira-se a essa meta através de práticas iogues espirituais e corporais.

Em sua maioria, os indianos atingem grande sucesso nessa busca interior, e vários ocidentais tornaram-se seus discípulos. Os iogues sem dúvida podem nos ensinar como nos liberarmos de nossa preocupação exacerbada com os bens materiais. Através da prática da ioga espiritual, podemos abandonar o nosso modo de vida inquieto, frenético e ávido. O típico iogue precisa apenas de uma caverna e de um punhado de arroz por dia para encontrar a almejada paz de espírito. Mas de onde provém o punhado de arroz, e quem produzirá a próxima geração de iogues? A resposta é simples: forças cósmicas sempre providenciam para que as necessidades dos iluminados sejam atendidas. Já que essas pessoas renascem após a morte numa família iluminada, dispensa-se a necessidade da procriação por meio de práticas sexuais complicadas.

Na outra extremidade da escala de sucesso encontramos os judeus, formando em muitos países do mundo uma minoria extremamente bem-sucedida, rica e influente. Assim como os indianos, eles fazem parte do grupo de povos indo-europeus e não se diferenciam substancialmente desses últimos, provavelmente devido a seu nível de inteligência. Porém, a enorme diferença consiste no modo como utilizam a sua compreensão, e nos seus motivos. Seus textos religiosos sempre os fazem relembrar que devem ter sucesso nesta vida, aumentando as suas riquezas, e que Deus os escolheu para que dominem o mundo. Freqüentemente, têm sucesso em áreas inexploradas, pelo seu ímpeto de conquista, e obtiveram um número desproporcionalmente grande de prêmios Nobel. Em suas sinagogas e colégios, os judeus são incentivados a perguntar e a discutir. Muitas vezes os seus pensamentos têm mais originalidade do que os dos cristãos que, pacientes, ouvem em suas igrejas a um grande precursor judeu (Jesus). No entanto, enquanto os cristãos são educados para andar pela vida como cordeiros piedosos de Deus, o ensinamento judeu enfatiza as leis cruéis de Moisés e de Jeová.

Já foi mencionado que Jeová é um deus da guerra, que corresponde a Marte, na mitologia grega. Moisés por vezes é designado como o maior legislador de todos os tempos, e sua vida é minuciosamente descrita na Bíblia. Antes de conduzir os judeus para fora do Egito, Moisés conseguiu uma mulher matando o seu marido. Talvez esse não fosse um acontecimento fora do comum nas tribos nômades, porém, mais tarde, quando Moisés formulou os Dez Mandamentos, dois deles referiam-se a esse tema: "Não deves desejar a mulher do próximo" e "Não matarás". E, no entanto, quando ele conduziu os judeus à Terra Prometida (atual Israel), ele lhes ordenou que destruíssem todas as aldeias e matassem todos os homens, mulheres e crianças. Tudo isso corresponde à aspiração ao sucesso e ao ímpeto de conquista ordenado pelo deus-pai.

O oposto disso é a aspiração do iogue de encontrar a paz interior e de não matar nenhum ser vivo. Naturalmente, de vez em quando, também há guerras na Índia, porém a cultura como um todo não é dirigida ao sucesso e à conquista. A aspiração judaica de sucesso, ao contrário, é única, e isso não é necessariamente uma bênção para os judeus. Daí resulta que a sua vida é inquieta, frenética e carregada de culpa, e sua postura agressiva atrai uma pressão contrária. Isso raramente lhes garante a paz interior que seria necessária para usufruir a riqueza e o poder, que parecem tão fáceis de obter. Por isso muitos judeus voltam-se hoje para os ensinamentos da ioga, para aprenderem como também se pode ser feliz sem muito dinheiro ou poder. Por outro lado, muitos gurus já se acostumaram a se voltar para um pensamento sistemático e que tenha um objetivo, como é propiciado pela religião paternalista. Sempre se soube que yin e yang têm muito a aprender um com o outro.

Oriente e Ocidente dentro de nós

A ampla troca de pensamentos pelo mundo afora se acelera a olhos vistos, e as diversas culturas aprendem muito umas com as outras. O Ocidente, impregnado da religião paternalista, adota alguns modos de raciocínio do Oriente, e vice-versa. Nossa cultura, dominada pela razão e orientada pelo homem, sem que se perceba atrai influências yin, que podem conduzir a uma situação mais equilibrada. Há cem anos o Oriente ainda ficava no fim do mundo, porém hoje os objetivos e as idéias orientais já se tornaram parte do nosso cotidiano. A concorrência entre Oriente e Ocidente substitui pouco a pouco algumas noções ultrapassadas, e algum dia consideraremos o século XX uma época fora de moda e provinciana.

Na lista que apresentaremos a seguir, faremos uma comparação da nossa mentalidade ocidental com a oriental, e apontaremos possíveis acordos e sínteses. O princípio de divisão certamente não pode ser enfocado como um esquema rígido, pois na realidade não existe *o* homem ocidental nem *o* homem oriental. Alguns franceses, por exemplo, são muito chineses em seu modo de pensar, e alguns japoneses são bem americanizados. A lista refere-se mais ao Extremo Oriente do que à Índia e ao Oriente Médio. As culturas indo-européias são mais ou menos aparentadas entre si, enquanto o Extremo Oriente difere em sua essência e por esse motivo pode nos oferecer contrastes mais interessantes.

Ocidente (orientação mais masculina)	Oriente (orientação mais feminina)
Individualista, empreendedor, porém também solitário, egoísta e ambicioso.	Orientação voltada à comunidade; os bens são repartidos, porém os direitos dos indivíduos são menos respeitados.
Voltado ao progresso e às inovações, porém também superficial e sem raízes.	Repousa em tradições preservadas, porém agarra-se com freqüência às formas, às cerimônias e às idéias ultrapassadas.
Domina o meio ambiente e a natureza, porém destrói o equilíbrio natural com facilidade.	Harmoniza-se melhor com a natureza, porém também sofre muito por sua causa, ou deixa-se dominar pelas circunstâncias.
Voltado para o céu, com ideais elevados e grandes pretensões, porém também arrogante e sem sensibilidade para com as necessidades terrenas e corporais.	Pisa com ambos os pés na terra, não tem grandes ilusões, e desconhece qualquer deus todo-poderoso no céu. Desprovido de pretensões e sem princípios firmes.
Domina o corpo, mas também é inimigo de seu corpo e repressor das necessidades corporais.	Está em sintonia com o corpo, mas com freqüência é dominado pelas necessidades corporais.
Ativo, ansioso, agressivo, mas incapaz de relaxar e de permitir que a natureza siga o seu próprio curso.	Em sintonia com o seu "eu interior", o seu eixo está em repouso; mas, muitas vezes, perde a iniciativa ao lidar com o mundo exterior.
Pode controlar ou sublimar o ímpeto sexual, mas muitas vezes é frio de sentimentos ou desprovido de naturalidade.	Postura natural em relação ao erotismo, mas muitas vezes dominado pelos sentimentos e pelas paixões sensuais.
Racional, lógico, sistemático, porém também frio, rígido e unilateral.	Intuitivo, de capacidade sentimental e sensual, porém também irracional, irresponsável, imprevisível e supersticioso.
Os médicos encaram o corpo como máquinas relutantes que precisam ser consertadas com freqüência, através de métodos complicados.	Os médicos compreendem a natureza humana e suas leis curativas, porém os seus métodos são muitas vezes irracionais.
A tecnologia é contemplada como uma meta em si mesma e é incentivada ao mais alto florescimento, porém muitas vezes já não serve às necessidades humanas.	Somente se utiliza da tecnologia em casos de urgência, e ela não é bem compreendida, daí a necessidade de muitas vezes dispensarem sua ajuda.

Ocidente (orientação mais masculina)	**Oriente (orientação mais feminina)**
Voltado para o mundo exterior e desejoso de causar impressão, perde entretanto facilmente o contato com o "eu interior", tornando-se neurótico.	Vive mais em sintonia com a natureza humana e suas necessidades intrínsecas, mas não consegue se afirmar tão bem diante de circunstâncias exteriores.

No Ocidente cometemos freqüentemente o erro de misturar a cultura indiana com a chinesa. Contudo, a Índia e o Oriente Médio ainda pertencem ao "Ocidente", em vários aspectos. A China, ao contrário, encontra-se atrás do deserto de Gobi, e pertence a um outro mundo.

Yin e yang: o relacionamento dinâmico

A polaridade yin/yang manifesta-se em todos os âmbitos da vida, em inúmeras variações. Porém, o espírito humano pode concebê-la melhor no exemplo do relacionamento entre homem e mulher.

Contrariamente ao modo de pensar usualmente rígido do Ocidente, no yin e yang existe uma relação dinâmica, em contínua mutação. A ligação entre homem e mulher não é determinada por formas rígidas, porém traz novas surpresas a cada dia. Não se atua segundo algum papel estereotipado, o que é muito bem explicado no conhecido símbolo yin-yang: cada um dos elementos contém o germe do outro,

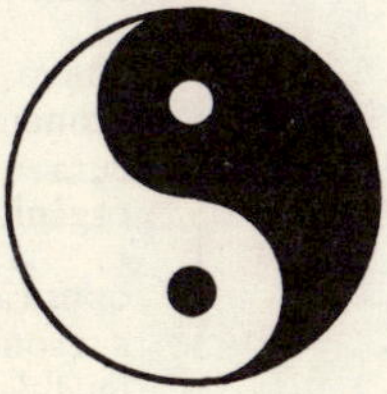

na forma do ponto claro ou escuro. Ambos os elementos são unidos como numa dança dinâmica. Talvez hoje o ele-

Exterior (preponderância yang)	Interior (preponderância yin)
masculino pai	feminino mãe
céu deus-pai	terra mãe-terra
Sol	Lua
consciente compreensão lógica eu, ego condição desperta	inconsciente sentimento intuição eu interior condição de sonho
espírito cabeça lado direito do corpo metade esquerda do cérebro	corpo coração lado esquerdo do corpo metade direita do cérebro
espírito forma ideal teoria absoluto	matéria conteúdo realidade prática relativo
ter atividade tensão elevação (visível) luz	ser repouso relaxamento profundidade (invisível) escuridão
voltado para o exterior decidido, desperto dominante, manipulador considera as novidades voltado para o conflito e o risco só, isolado	voltado para o interior segue o fluxo da vida em harmonia com a vida segue os costumes evita o perigo, pacífico, sociável, atraído pela comunidade
inimigo da natureza gasta energia construtivo ou destrutivo abstrato, ordenado, sóbrio	amigo da natureza economiza energia cura e preserva orgânico, fluente, misterioso
governo a direita política autoridade, hierarquia propriedade privada patriarcado	oposição a esquerda política igualdade, trabalho em conjunto propriedade comunitária ordem social matriarcal

mento yin esteja em evidência, mas amanhã pode preponderar a característica yang. Agora é o homem que toma a iniciativa, mas no próximo momento a mulher será a responsável. Pela manhã, tomo resoluções com a ajuda de minha razão, mas ao anoitecer talvez me deixe guiar pelos meus sentimentos. A direita política pode segurar as rédeas este ano, porém, no ano que vem, quem as toma é a esquerda. Hoje a direita proclama uma política inimiga ao meio ambiente, contudo amanhã adotará algumas idéias dos Verdes em seu programa.

A vida busca continuamente o equilíbrio correspondente a cada momento e a cada lugar. Cada virtude torna-se uma carga quando é exagerada. E cada elemento impróprio encontra o seu lugar tão logo ache o equilíbrio. Um espírito equilibrado e claro pode criar a ordem a partir do caos, ao passo que o espírito desequilibrado irá desorganizar tudo aquilo em que tocar.

Há diversos métodos pelos quais se pode atingir e manter tão desejado equilíbrio, e esses são discutidos no capítulo 10. Tão logo o espírito interior se harmoniza com o exterior, adquirimos uma compreensão mais profunda a esse respeito, assim como também em todas as outras áreas da vida; o elemento interior pode ser sintonizado com o exterior. Como exemplos podemos citar os pares de conceitos apresentados na tabela acima.

O importante nesse caso é não esquecer que ambas as divisões são, em princípio, de idêntico valor. Pode ser que alguns leitores de início tenham dificuldades para perceber que a matéria é tão importante como o espírito, (a palavra "matéria" significa, além disso, "maternal") ou que a prática não é menos importante do que a teoria. Em cada par de conceitos, ambos os elementos se completam, e só demonstram as suas características indesejáveis quando entram em conflito.

Todas estas divisões são naturalmente apenas modelos de pensamentos, e devem ser utilizadas tendo em vista a realidade, na qual ambos os lados nunca podem aparecer separados.

5. Pais e mães

O equilíbrio na família

Nas culturas ocidentais, impregnadas da religião paternalista, é raro se encontrar um equilíbrio sadio entre as influências paternas e as maternas na família. Nossa mitologia bíblica também não nos oferece nenhum modelo disso: o pai celeste não tem uma mulher da mesma classe, a Virgem Maria tem apenas um companheiro platônico, e o seu filho também não é casado. No Oriente, ao contrário, toda a vida gira em torno da família, e no *Livro das mutações,* como já tínhamos visto, a ordem cósmica é apresentada como uma família constituída por pai, mãe, três filhos e três filhas.

Nas famílias ocidentais, costuma-se valorizar o papel paterno, em detrimento do materno. Essas conotações básicas não se refletem apenas nas orações como o padre-nosso, mas também nas leis e costumes que concedem ao pai inúmeros privilégios injustificados. Como conseqüência, sua influência é mais incisiva sobre os filhos do que a materna. A mãe cuida realmente do bem-estar físico da criança, porém é o pai quem assegura um desenvolvimento espiritual e mais tarde mostra ao filho a seriedade da vida.

Consciente ou inconscientemente, as mães se sentem muitas vezes relegadas a um papel secundário, limitado ao plano material (= maternal). Não é raro que tenham a impressão de terem algo "mais importante" a fazer. Até há pouco era comum, nas "boas famílias", deixar os bebês aos cuidados de uma babá. Crianças em idade escolar eram mandadas a um internato até estarem suficientemente maduras para merecer a atenção dos pais. Partia-se do princípio de que crianças precisam pura e simplesmente de alimentação e de conhecimentos escolares para se desenvolverem plenamente. Em algumas famílias caía-se porém no extremo oposto: as crianças eram superprotegidas pelas mães e privadas da influência paterna. Muito mimadas, não desenvolviam auto-suficiência e disciplina interior. Em geral, mais tarde não eram capazes de enfrentar as duras exigências da realidade. Crianças desatendidas pelas mães sentem-se, ao contrário, sós e abandonadas quando adultas, e não desenvolvem uma autoconfiança sadia.

Várias tentativas foram feitas no decorrer da história para criar filhos sem ajuda dos pais. As ditaduras, principalmente, tinham interesse em formar súditos que só fossem comprometidos com o Estado. Além disso, os pais desperdiçariam menos tempo e energia com os seus filhos e poderiam se dedicar mais ao Estado. Tal modelo de sociedade é descrito, por exemplo, na *República,* de Platão. Durante a Idade Média, um rei tentou criar até duas crianças em total isolamento. Queria descobrir que idioma falariam. No entanto, as crianças não falaram absolutamente nada, e morreram ao final de sua juventude, provavelmente devido à falta de amor dos pais.

Experiências feitas na Rússia comunista comprovaram que as crianças educadas em internatos do Estado, sem as mães, desenvolvem características anormais. Verificou-se em comunidades americanas que a educação conjunta de crianças não dá bons resultados. Outros estudos e experiências levaram à mesma conclusão: crianças precisam do amor materno, principalmente em seus primeiros anos. A diversidade de relacionamentos numa comunidade maior também tem efeito benéfico sobre elas, mas não pode haver um desenvolvimento normal sem uma íntima ligação da criança com a mãe.

O caráter de uma pessoa é amplamente determinado pelo seu terceiro ano de vida, e a mãe é o primeiro e mais importante contato humano para um bebê. Porém, mesmo antes do seu nascimento, o embrião é condicionado pelo estado espiritual e físico da mãe. Cada falta de harmonia tem um efeito sobre o embrião, e cada tensão pode causar danos. Os bebês cujas mães fumam ou bebem, por exemplo, em geral são menores, mais nervosos e inquietos. Até os medicamentos aparentemente inofensivos, como a aspirina ou as pílulas para dormir, podem ter conseqüências maléficas. A alimentação da mãe durante a gravidez naturalmente também influencia a saúde física e espiritual da criança [6].

Harry Harlow conduziu as famosas pesquisas com os macacos resos, para explorar os efeitos da "privação da mãe" [7]. Os resultados evidenciaram que os filhotes de macacos que não haviam sido cuidados e acariciados pelas mães tornavam-se neuróticos quando adultos. Brigavam freqüentemente com os outros macacos, e não se interessavam por ligações amorosas. Pode-se observar fenômenos semelhantes nas crianças que vêm ao mundo em casas de saúde, onde a mãe é anestesiada e a criança nasce através de intervenções agressivas, permanecendo depois num aposento separado do da mãe. Um número cada vez maior de mulheres agora está descobrindo, entretanto, a profunda realização do parto natural sem anestesia, quando os bebês são tratados com delicadeza e muito contato físico [8].

Em seu livro intitulado *Auf der Suche nach dem verlorenen Glück* (A procura da felicidade perdida), Jean Liedloff descreve suas experiências com uma tribo indígena da Venezuela [9]. A princípio esses indígenas chamaram-lhe a atenção pelo seu modo de ser natural e por sua feliz vida em comum. Só mais tarde ele percebeu que isso se devia ao carinho com que se tratavam as crianças. Quase sempre elas eram carregadas nos braços ou nas costas de suas mães.

Havia um relacionamento totalmente natural entre mãe e filho que, no entanto, nunca degenerava em mimos. Quando uma criança gritava, era imediatamente levantada e consolada — tão naturalmente como se ajuda a um adulto que grita. Os indígenas não compartilhavam da opinião, tão difundida entre as famílias ocidentais, de que gritar é saudável e de que as crianças precisam se acostumar desde cedo às durezas da vida.

A autora chegou à conclusão de que a maioria das neuroses das sociedades ocidentais remonta ao fato de as pessoas se sentirem desamparadas na infância. Contudo, já não estão mais conscientes disso como adultos e procuram, angustiadas, preencher o seu anseio inconsciente através de toda espécie de compensações.

Em alguns isso se manifesta como uma avidez doentia pelo dinheiro e por bens materiais. Outros tentam satisfazer a sua reprimida necessidade de amor passando de uma conquista sexual a outra tal como Casanova, que por sinal também foi negligenciado por sua mãe. Jean Liedloff encontrou apenas uma pessoa inquieta e agressiva entre os indígenas. Tratava-se de um homem que havia sido criado numa missão cristã fora da floresta e que, portanto, havia sido submetido durante alguns anos à influência ocidental.

É evidente que o relacionamento íntimo entre mãe e filho nos primeiros anos de vida constitui uma necessidade biológica. Durante esse tempo, a mãe e a criança precisam de proteção e apoio, o que normalmente é proporcionado pelo pai. A mulher torna-se uma mãe melhor quando se sente amada e protegida por seu homem, e a criança se desenvolve melhor nessa atmosfera de amor. As crianças que crescem desse modo desenvolvem uma autoconfiança sadia e, quando adultas, são auto-suficientes e capazes de amar.

No entanto, nas sociedades ocidentais de preponderância masculina, não se cultiva muito essa atmosfera, e se atribui relativamente pouco valor à família. O homem ocidental pensa mais no progresso do indivíduo, ao passo que no Oriente (e em algumas tribos indígenas) a família é o centro de interesse. O escritor chinês Lin Yutang, que passou muitos anos nos Estados Unidos, disse a esse respeito:

"Para julgar uma civilização é preciso apenas indagarmos que tipo de homens e mulheres, pais e mães, ela produz. Se tomamos como parâmetro esta pedra de toque incrível em sua simplicidade, todas as outras aquisições humanas perdem o sentido, nas suas mais extensas implicações: arte, filosofia, literatura e progresso material"[10]. Alguns países "pagãos" ou "subdesenvolvidos" nos superam nesse ponto de vista.

O pai ocupa a posição superior na hierarquia patriarcal, e, em geral, a estrutura familiar apresenta-se como uma pirâmide:

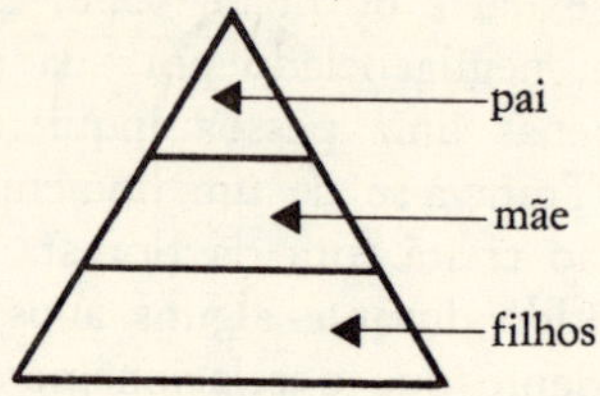

Pode-se também conceber esse padrão de pensamento imaginando a família como um círculo, o que nos parece fácil, pois fala-se muito no "círculo familiar":

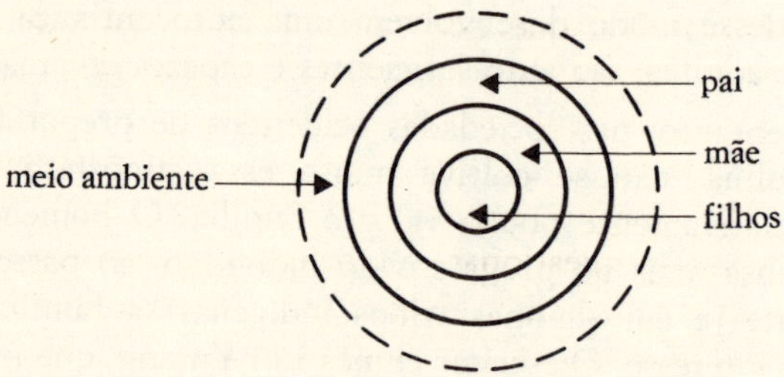

Cabe, agora, ao pai proteger a mãe e o filho do meio ambiente. A mãe, por seu lado, cuida dos filhos, que constituem o núcleo do círculo. Nesse caso, o pai já não é mais o centro de interesse, e sim o filho, a próxima geração. O pai torna-se agora um meio para alcançar o objetivo da reprodução.

Agora pode-se unir esses dois padrões extremos do pensamento para se obter um equilíbrio realista. Isso dispensa a necessidade de se ordenar o espaço:

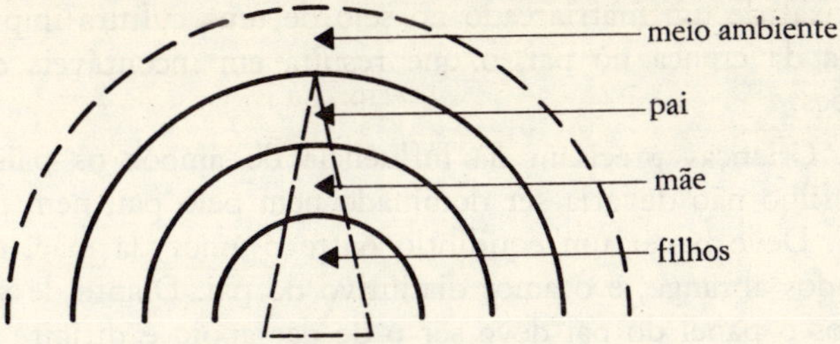

Nas culturas ocidentais tende-se a extremos. Ou o pai é considerado exageradamente importante, ou descarta-se totalmente a sua influência. No Oriente, ao contrário, há um equilíbrio sadio entre moços e velhos, entre o futuro e o passado. Os pais vêem em seus filhos o seu objetivo de vida, e os filhos respeitam os pais e avós. Encontramos a ordem social patriarcal principalmente nas culturas que se sentem ameaçadas e/ou têm tendências agressivas em si mesmas. É provável que esse tenha sido o caso dos israelitas, de quem herdamos o monoteísmo. Neste meio tempo, desenvolveu-se uma situação de segurança e de riqueza material no mundo ocidental, que os nômades meio esfomeados jamais teriam imaginado, nem em seus sonhos mais dourados. Deveríamos questionar se, na atualidade, este credo unilateral de um Pai ainda é oportuno, já que os seus pressupostos históricos há muito desapareceram.

Nos países industrializados há muito tempo se desconhece a fome, e cada família está assegurada contra todos os tipos de riscos. E mesmo assim, não se usufrui o bem-estar e a segurança, pois em espírito vivemos ainda no deserto, guardando o medo interior e a agressividade, sem podermos nos sentir à vontade no mundo. Já quase não há inimigos exteriores reais, e as qualidades de soldados já não são mais valorizadas nos homens. Estes podem casar-se cedo, ainda em fase de educação, sem haverem concluído o seu desenvolvimento. Nos Estados Unidos isso faz que a mulher, já amadurecida, fique muitas vezes com a sobrecarga; e o relacionamento homem-mulher então assume as feições de um relacionamento de mãe e filho, como o descreveu o dr. Benjamim Spock [11]. Acontece nesse caso a situação paradoxal de um matriarcado no seio de uma cultura impregnada da crença no pai, o que resulta em incontáveis confusões.

Crianças precisam da influência de ambos os pais, e um filho não deveria ser dominado nem pelo pai, nem pela mãe. Deve haver um equilíbrio entre o amor da mãe, que a todos abrange, e o amor distintivo do pai. Diante de seus filhos o papel do pai deve ser o de dar apoio e dirigir. Por outro lado, os filhos buscam no pai uma pessoa experiente que saiba lidar com o ambiente, por vezes perigoso. Quando o pai quer apenas ser um bom amigo de seus filhos, deixando a disciplina e a direção a cargo da mãe, toda a família sofre [12]. As crianças precisam aprender com o pai como comportar-se mais tarde como adultos, diante dos problemas do cotidiano, e como desenvolver a disciplina interior e o autodomínio. Devem adquirir uma noção nítida sobre o direito de terceiros, e saber adaptar-se às regras gerais do jogo. Devem também ser protegidos de certos perigos que ainda não conhecem. Em casos de urgência, nem sempre há tempo para discussões, e as crianças devem estar prontas para seguir as instruções dos pais.

Todavia, isso nunca deve estar ligado a uma negação amorosa, ou a uma contínua e severa disciplina. Os filhos talvez não contradigam abertamente um pai autoritário, porém a irritação e a raiva fervem por baixo da superfície. Muitas vezes essas crianças tornam-se delinqüentes juvenis ou pessoas fracassadas. Cada criança é um ser humano, e não deve ser considerada como propriedade ou como um subalterno. A meta de toda educação é o incentivo e a ajuda, e não a repressão e o castigo.

Quando a educação não é bem equilibrada, e as crianças são sobrecarregadas com alguma filosofia, elas tomam mais tarde a direção oposta. Há na criança a tendência congênita de estabelecer um equilíbrio na família, e de desenvolver aquelas características que foram descuidadas pelos pais. Um exemplo típico é a filha de um pastor que, de tanto ouvir falar em virtude e castidade, mais tarde tem impulsos de se oferecer a todos os homens. Muitos pais da classe média têm uma mentalidade tão materialista e conformista, que seus filhos se sentem fortemente atraídos por ensinamentos orientais, que encerram promessas de auto-realização e de crescimento espiritual.

Amor materno insuficiente ou exagerado

Desde o momento do nascimento, os filhos empenham-se lentamente em conseguir a liberação de seus pais, até finalmente se tornarem adultos e independentes. Esse é um desenvolvimento que se dá passo a passo, de dentro para fora — do mundo da mãe ao mundo do pai, em direção à independência no mundo material.

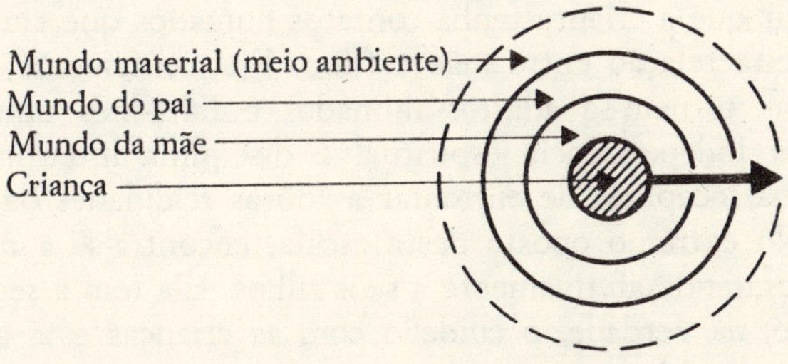

Antes do nascimento, o embrião vive no útero materno, com toda a segurança e como um ser dependente. Após o nascimento, o bebê passa um ano no berço em contínua dependência. Depois disso, começa a se movimentar e a explorar o mundo. Mais tarde, a criança aprende a andar, vai para a escola e, finalmente, torna-se independente.

A função dos pais, portanto, não é apenas a de proteger o filho, porém conduzi-lo rumo à sua independência. Mães e pais devem percorrer com grande sensibilidade o estreito caminho entre a falta de amor e o amor exagerado. Crianças mimadas e protegidas em demasia não podem deixar de se tornar uma carga para os outros e para si próprias, tanto quanto aquelas que recebem muito pouco amor e que são empurradas muito cedo para fora do ninho.

É preciso ter em vista que a maioria das mulheres sente prazer em desempenhar o papel de mãe. Acariciar e amamentar os bebês lhes proporciona um prazer físico e lhes dá a sensação de serem imprescindíveis a um ser, e de fazer algo criativo. Muitas mulheres comparam o prazer de amamentar ao do amor sensual; em ambos os casos, dá-se uma agradável instumescência dos tecidos erécteis. É compreensível que a maioria das mulheres queira prolongar os aspectos agradáveis da maternidade e que se sintam ofendidas e inúteis quando, mais tarde, a criança se torna cada vez mais independente. Algumas mães procuram inconscientemente prender a criança a si, fazendo com que desempenhe um papel infantil, mimando-a em demasia. Podem até chamar isso de amor; sua motivação, entretanto, é bem egoísta.

Quando a criança rejeita os seus afetos, a mãe pode tentar projetar sentimentos de culpa no filho, ou ligá-lo a si por intermédio de prêmios materiais. Pode também tentar impedir que a criança tenha contatos humanos que ameacem a estreita relação entre mãe e filho. Freqüentemente, essas crianças tornam-se adultos mimados e falta-lhes uma verdadeira independência espiritual e disciplina interior; isso as torna incapazes de enfrentar as duras realidades da vida.

No extremo oposto desta escala, encontra-se a mulher que desatende afetivamente a seus filhos. Ela tem a sensação de que, na verdade, o cuidado com as crianças está abaixo de sua dignidade e que ela tem coisas mais importantes a fazer. É provável que sinta pouco prazer no contato físico com o bebê e que considere a amamentação uma perda de tempo. Suas ambições jazem mais no lado cultural do que em outras áreas; quando pode, prefere deixar os filhos a cargo de terceiros. Espera impacientemente pelo momento em que eles se tornem independentes e saiam de casa.

Os filhos comprovarão os sinais do descuido materno. Serão nervosos e empedernidos, e faltar-lhes-á a autoconfiança sadia e a coragem de amar. Na sociedade ocidental, que valoriza mais o pai, em que se subentende a desvalorização do papel materno, essas crianças são encontradas com bastante freqüência. As mulheres que se criaram com essa formação tendem inconscientemente a se envergonhar de suas características femininas e maternais e a tratar os seus filhos com uma sobriedade paternal.

Em vários sentidos, perdemos a sensibilidade para ver como as influências do pai e da mãe se manifestam de diferentes modos nos filhos. Aquilo que para a maioria dos orientais e indianos é algo natural e evidente, e é executado sem sequer pensar, precisa ser absorvido com esforço, através de experimentos especializados e de livros pelos ocidentais. Não é de surpreender que tantas vezes fracassem, ou que adquiram o necessário conhecimento quando tiverem mais idade, quando já é tarde demais. Especialmente na atualidade, quando tudo se transforma tão depressa, as pessoas procuram em vão pontos de referência, e as mães modernas muitas vezes não sabem o que fazer. Em geral, pode-se descrever a diferença entre as funções paternas e maternas da seguinte maneira:

O pai pode ser bondoso e digno de admiração, pode proporcionar segurança e motivação a seus filhos. Após certa idade, ele mostra aos filhos como eles podem se tornar independentes e superar os obstáculos. Crianças de ambos os sexos precisam de um pai para ter a sensação de independência e de identidade sexual. Porém, só uma mãe pode proporcionar à criança um amor abrangente e oferecer-lhe um verdadeiro lar. Dela emanam a estabilidade emocional e a autoconfiança básicas, sem as quais uma criança não pode crescer nem prosperar. A mãe é para a criança o que o brilho do sol é para a planta. Crianças que não têm mãe sofrem geralmente da sensação de solidão e de insuficiência; não podem produzir o que delas se espera, pois falta-lhes o amor e o carinho do lar.

Nas culturas impregnadas de religião paternalista, dá-se menos valor à função materna. Se antes a maioria das mulheres era obrigada a ficar em casa, fazer o trabalho de dona-de-casa e cuidar dos filhos, elas foram bastante liberadas destes deveres pela industrialização. Se elas antes eram obrigadas a desempenhar o papel secundário de dona-de-casa, que talvez em parte rejeitassem interiormente, agora têm acesso a funções mais independentes e masculinas.

Deste modo, os filhos são de certo modo educados por duas figuras masculinas e apresentam os sintomas da falta materna: ficam nervosos e se recolhem em si mesmos. Tudo começa quando, durante o parto, os bebês são tratados por médicos especialistas do sexo masculino, de forma bastante rude, em hospitais, sendo logo depois colocados em berços assépticos. São levados às mães por curto espaço de tempo para serem amamentados segundo um horário rígido; ou, por vezes, até são alimentados com leite em pó. Mais tarde são tratados por babás ou colocados em jardins da infância, para que as mães possam continuar no seu trabalho ou dedicar-se a outros interesses. Mais tarde, essas crianças terão dificuldades em estabelecer contatos com o próximo. Sentem-se tão ameaçados pelo meio ambiente, que só estão à vontade num pequeno mundo estereotipado, onde se ocupam com atividades monótonas. Às vezes, passam horas balançando a cabeça de um lado para o outro num ritmo parecido ao da batida do coração materno [13].

Já que em nossa época supertensa as mulheres estão muito mais ativas e inquietas, cada vez faltará mais calor aos seus filhos e a tranqüilidade necessária ao seu desenvolvimento sadio. Hoje em dia inúmeras mulheres atuam em grande escala como *managers* de lares mecanizados e motorizados, enquanto outras profissionais trazem para casa a tensão do local de trabalho e de seus relacionamentos profissionais.

Outra fonte de insatisfações para pais e filhos é o lar constituído de uma só família — o oposto de famílias grandes e de linhagem. Em outras épocas e até hoje, em regiões menos desenvolvidas, a maioria das pessoas conviviam com grande número de parentes e cada membro da família desempenhava uma função útil. Os avós cuidavam das crianças, as mães trabalhavam na cozinha ou no jardim, a tia solteira fiava ou tecia, os homens trabalhavam no campo, etc. Os parentes que moravam nas redondezas se visitavam entre si e trocavam víveres. Nessas famílias, a mãe era o centro da vida social. Com toda a certeza, as pessoas não se sentiam solitárias nem aborrecidas como as donas-de-casa modernas dos subúrbios. As crianças tinham a oportunidade de brincar com companheiros das mais variadas idades ou de ajudar os adultos. Havia menos perigo de que se sentissem presas no campo de tensão estreito de uma pequena família. Pode-se afirmar que, em geral, a maioria das famílias modernas existe num vácuo, tendo pouco contato com a parentela, a vizinhança e a terra.

Muitas mulheres modernas não têm vontade de passar dia após dia nesse ambiente. Quando podem escolher, preferem um trabalho em que possam utilizar as suas capacidades e ganhar algum dinheiro. Até aquelas que não precisam de dinheiro preferem passar o dia com outras pessoas, fazer novas amizades e ter uma atividade útil. Um dos motivos pelos quais o trabalho da mulher é mal pago reside provavelmente no fato de que, em geral, um ambiente agradável e um tempinho para eventuais conversinhas é mais importante para uma mulher do que um bom salário. As mulheres que realmente precisam de dinheiro e que querem produzir muito se sentiriam desambientadas nessa situação.

A sociedade ocidental moderna não parece oferecer condições ideais às mães e às famílias. Porém, ao estarmos cientes dos fatores desfavoráveis, podemos restabelecer amplamente o equilíbrio.

O escritor inglês J. B. Priestley apontou para o fato de a mulher moderna "liberada" estar, em vários sentidos, mais à mercê do sistema masculino do que a mulher "não liberada", em algumas culturas orientais [14]. De fato, o mundo está aberto para ela, porém trata-se de um mundo yang, com regras yang de jogo. Se ela quer atingir algo nessa sociedade orientada pelo homem, ela precisa expor extensamente suas características masculinas, mostrando-se agressiva. Para ter influência, ela precisa reprimir em parte a sua verdadeira natureza e os seus sentimentos femininos mais sensíveis.

É verdade que na antiga China os pés de algumas moças eram artificialmente forçados a permanecer pequenos, para que elas se adaptassem à moda. Os espartilhos e saltos altos de nossas avós também não eram nada naturais. As moças chinesas, a não ser por esse fato, criaram-se numa cultura em que os valores femininos e a sensibilidade diante da beleza e da estética eram respeitados. As moças de pés pequenos atuavam mais tarde na família como personagem central e eram respeitadas até a idade avançada. Isso não pretende justificar o fato de amarrar os pés ou os seios, porém mostra que esses costumes antinaturais infelizmente existem em toda parte. A circuncisão dos bebês do sexo masculino descrita no capítulo 8, segundo costume dos Estados Unidos, Israel e países islâmicos, pode ser mencionada como um exemplo muito mais extremo e cruel.

Imagens políticas de pais e mães

Alguns líderes políticos denotam preponderantes características paternas, enquanto em outros prevalecem as femininas. O sexo da pessoa é menos importante neste caso do que a sua atitude, e algumas mulheres políticas são mais "paternais" do que os seus colegas homens.

O líder político maternal ama todos os seus "filhos" de todo o coração e gostaria de realizar todos os seus desejos. Promete ajudar as minorias mais humildes e esquecidas que parecem mais fracas e sensíveis. É compreensivo e misericordioso, defende os direitos humanos e só recomenda castigos suaves e simbólicos. A oposição o considera excessivamente tolerante, condescendente e indulgente. No que concerne à política externa, ele dá mais valor à paz do que à supremacia militar. Inclina-se a distribuir os impostos do Estado de modo generoso, mantendo o povo contente e saudável, mesmo se as dívidas de Estado aumentarem por esse motivo e a inflação continuar a crescer. Gosta de ser querido pelo povo e incentiva as pessoas a expressarem os seus desejos e reclamações.

O líder político paternal, ao contrário, tende a seguir fundamentos e noções firmes de justiça. O povo precisa primeiro merecer o seu reconhecimento, deve esforçar-se e não pode contar com benefícios generosos. Os cidadãos mais ambiciosos e bem-sucedidos têm preferência, e são incentivados desde que sigam suas linhas de conduta. Aqueles que reclamam ou que reivindicam privilégios ou considerações são rejeitados, com o conselho de se esforçarem mais e pensarem de modo mais autônomo. Aquele que não se adapta ao modelo político é ignorado ou repreendido. Aquele que infringe as leis é duramente castigado, e estas são aplicadas com rigor. A política externa é conduzida de modo mais agressivo, e já não se trata de perseguir a paz a qualquer preço. São elaborados planos responsáveis a longo prazo, e as receitas do Estado só são utilizadas para fins importantes, da economia popular ou militares.

Cada um dos dois tipos políticos preenche as necessidades de sua época, e cada um tem os seus pontos fracos. Após alguns anos de governo "paternal", as pessoas habitualmente solicitam uma política mais tolerante. Quando, logo depois, um político "maternal" toma o poder, o povo torna-se demasiado mole e condescendente, e após alguns anos busca-se uma nova compensação do lado oposto.

Esses ciclos são descritos como incessantes pelo famoso historiador Arnold Toynbee. Em sua obra *O curso da história mundial,* ele recorre aos conceitos yin e yang, já que, de acordo com seu parecer, estes descrevem melhor o ritmo da história do que os conceitos utilizados na ciência ocidental[15].

Ciclos espirais semelhantes também podem ser observados na vida individual das pessoas, das famílias, sociedades ou organizações. O casamento ideal entre elementos paternais e maternais raras vezes é alcançado, e habitualmente um ou outro lado predomina. Além disso, no decorrer da história, há ciclos mais longos que se alastram durante séculos ou milênios. Como já constatamos, a ordem social patriarcal prepondera há vários séculos no mundo ocidental. Antes disso, houve longos períodos em que a influência da mãe tinha a primazia. É provável que muito raramente, ou mesmo nunca, tenha havido um verdadeiro matriarcado, em que mulheres governassem com a violência das armas. Contudo, na antiga China, na Europa pré-cristã e entre os pueblos, no sudoeste dos Estados Unidos, há uma ordem social matrilinear, em que os filhos se sentem mais pertencentes à mãe, e em que as moradias e a propriedade privada são herdadas da mãe.

Imagens religiosas de pais e mães

Na imaginação dos homens, a maioria dos deuses toma forma humana, e os principais deuses, na maior parte das culturas, eram representados como pais e/ou mães. O deus-pai simbolizava geralmente a força, a ordem, o estímulo e a procriação, enquanto se via na deusa-mãe mais uma fonte de amor, calor, saúde e fertilidade.

O deus-pai era freqüentemente interligado com o espírito e o céu, enquanto a deusa-mãe se aproximava da matéria e da terra. Ambos eram vistos originalmente como componentes de igual valor do universo, complementando-se mutuamente. Nas primeiras comunidades tribais dedicadas principalmente à agricultura, as figuras maternas e os ritos de fertilidade desempenhavam um papel predominante. As tribos nômades guerreiras davam, ao contrário, maior ênfase aos ideais agressivos masculinos: o nosso pai celeste do Velho Testamento é todo-poderoso, e não há outros deuses ou deusas a seu lado. O elemento feminino e materno é então desvalorizado proporcionalmente em todos os âmbitos da vida, e figuras como a Virgem Maria desempenham uma função subalterna.

O filósofo George Steiner expressou-se da seguinte maneira a respeito da influência do monoteísmo na sociedade: "Nossa cultura-de-um-só-deus nos dá uma noção demasiado simplificada da vida. Gera uma superfície moral 'boa', sob a qual as forças das trevas estão à espreita. Os elementos demoníacos irrompem à superfície sempre que um deus ou os bons elementos perdem o controle. Pela sua própria natureza, a nossa cultura unilateral tende de vez em quando a recair em condições bárbaras. Durante os períodos 'bons' as pessoas são tão sensatas que logo se cansam desse papel. Então sentem saudades das atuações 'pecaminosas' e anseiam pela sensualidade, pela vida primitiva, pelo uso da violência, pelas demonstrações de força, etc. Segundo Steiner, temos inúmeras pequenas superstições, com uma grande compensação. O monoteísmo é uma idéia perfeccionista através da qual se estancam as tendências homicidas inconscientes na sociedade."[16]

Como um exemplo extremo disso na Europa podemos mencionar a Inquisição, que durou três séculos. Estima-se que durante essa época três milhões de pessoas foram queimadas vivas ou torturadas até a morte. O projeto foi programado e conduzido em todos os seus detalhes pela Igreja e tolerado pelos governos. A grande maioria das vítimas foi de mulheres de todas as idades, não apenas velhas (feiticeiras), como também jovens esposas e moças. Os papas, padres, juízes e torturadores, ao contrário, eram figuras masculinas. A Igreja utilizava o fogo e a espada, do mesmo modo, na América Latina a fim de converter os indígenas à cristandade.

Erich Fromm descreve os aspectos positivos do monoteísmo como sensatez, disciplina, consciência e individualismo. E chama de aspectos negativos a hierarquia rígida, a repressão, a desigualdade e a submissão. O pai exige muito, ele dá preferência ao filho que mais se presta a sucessor ou herdeiro. Com a figura todo-poderosa do pai, desenvolveu-se a idéia da propriedade privada. Nas sociedades anteriores vivia-se como se fosse em família, na qual tudo era dividido.

Fromm continua a descrever como nas sociedades matriarcais as pessoas veneravam uma mãe cósmica; elas confiavam em seu amor ilimitado e na sua capacidade de alimentar, consolar e curar. No entanto, as pessoas permaneciam em grande parte em condições infantis, não desenvolviam suas faculdades e ficavam desamparadas diante de tribos agressivas. Não iam muito longe no nível individual de compreensão, permaneciam vinculadas à natureza, aos parentes de sangue e à sua gleba de terra[17].

Os guias religiosos e as figuras simbólicas tiveram uma enorme influência sobre a humanidade no decorrer da história e da pré-história; no futuro também eles serão apreciados pela maioria dos homens. Essas figuras humanas[18], que são imagens líderes, falam diretamente aos sentidos e podem servir de modo espontâneo como modelo no cotidiano. Nenhuma filosofia ou teoria científica pode jamais preencher intimamente o seu lugar. Podem ser de grande valia, e só seriam prejudiciais se assumissem características unilaterais ou exercessem influências de parcialidade sobre os indivíduos, a família ou a sociedade. As pessoas encontram o caminho acertado com facilidade através de modelos, enquanto as teorias abstratas falam apenas à razão.

As figuras bíblicas que hoje conhecemos só nos oferecem uma parte da totalidade das experiências religiosas. Nós nos especializamos há quase dois séculos num estreito atalho da religião. Agora é chegado o momento de redescobrirmos em nós mesmos, e nos ensinamentos do Oriente, o espectro religioso restante. Só podemos desenvolver o nosso potencial humano desta maneira. Ao visitar mais uma vez os arquétipos enterrados em nosso inconsciente, podemos encontrar um sentido na vida e vivê-la de modo mais pleno.

Através deste reencontro podemos superar também o medo irracional diante da morte, tão difundido em nossa cultura. Só uma pessoa que viveu feliz pode morrer feliz. Na China antiga, um enterro era um acontecimento alegre, em que os participantes se vestiam de branco. Vida e morte são dois lados de uma mesma moeda, e nosso medo da morte talvez esteja ligado à nossa incapacidade de nos descontrairmos, de nos desapegarmos, confiando-nos novamente à mãe-terra.

Certa vez, Einstein qualificou o desejo de uma vida eterna no céu como um consolo para as almas fracas e egocêntricas. Lin Yutang chamou a atenção para o fato de que as noções de imortalidade e de suicídio têm uma raiz comum: ambas partem do princípio de que a verdadeira vida temporal na terra não é satisfatória.

Em vez de almejar a imortalidade no céu, seria preferível que criássemos um céu na terra.

Nossos modelos orientadores não precisam, entretanto, mostrar as características de nossos pais, diante das quais desempenhamos o papel de crianças. Os adultos deveriam sentir-se responsáveis pela própria vida. Somos parceiros co-responsáveis no universo, e não crianças pequenas que obedecem ao pai que está no céu. De nós depende harmonizar-mo-nos com as leis cósmicas, estabelecendo um equilíbrio sadio entre o elemento celeste e o terrestre em nossas vidas e à nossa volta.

Nossa relação com ambos esses elementos pode então ser descrita da seguinte maneira:

Vemos na *força celeste* dentro de nós e à nossa volta o elemento estimulante, decisivo, distintivo e racional. Com sua ajuda, podemos nos afirmar em nosso meio, explorar novos tipos de vida e desenvolver-nos espiritualmente. Essa força nos ensina a interpretar os acontecimentos externos e a solucionar problemas. Abre os nossos olhos e nos permite descobrir novos horizontes, através do uso de instrumentos, técnicas espirituais, conceitos, planos, etc. Mostra-nos como utilizar a nossa lógica e que devemos confiar menos em sentimentos que não podemos definir. Na vida em comum das pessoas, a *força celeste* providencia para que aqueles que são mais bem qualificados ocupem posições de comando, mantenham a ordem e governem com mão firme em épocas difíceis.

Na *força terrestre* complementar que existe dentro de nós e à nossa volta, vemos o elemento amoroso, dedicado, orientado à comunidade, doando e mantendo o desenrolar da vida. Ela é responsável pela alimentação e pela cura, pelo cuidado com as crianças e pela formação de um lar aconchegante. Regula também as complexas funções biológicas no nível inconsciente — como o metabolismo, o crescimento, a manutenção da saúde e a procriação. Para realizar essas importantes tarefas, ela precisa de um ambiente protetor e incentivador da vida, um "ninho" ou lar, e, além disso, de uma rede de conexões amistosas. A *força terrestre* nos mostra como devemos nos entender, de modo espontâneo e afetivo, com o nosso próximo, em vez de confiarmos numa lógica rígida. Sua atitude diante da vida é paciente e cuidadosa, valoriza o lado sutil da vida e alegra-se com as pequenas coisas. Está menos interessada nas grandes tarefas intelectuais, artísticas, econômicas, políticas ou militares.

Ao criarmos uma harmonia entre as forças celestes e terrestres em nosso interior e à nossa volta, é mais fácil atingirmos o céu sobre a terra, como todos desejamos. Há então menos atritos entre razão e sentimento, espírito e corpo, homem e mulher, e entre as camadas sociais. O jogo conjunto das forças não é sentido como um acaso ou como uma doação divina, e sim como o resultado de esforços humanos responsáveis.

6. A procura de nossas raízes

Muita coisa boa vem de baixo

Nas culturas ocidentais, as pessoas acreditam que tudo de bom vem de cima. Quando precisam de inspiração ou de ajuda, dirigem seu olhar para cima ou pedem conselho ao pai onisciente que está no céu. Crescem convencidas de que a vida é uma luta contínua entre espírito e matéria e de que as pessoas honestas lutam ao lado do espírito contra a matéria ou o materialismo. As pessoas más são condenadas a ir para baixo depois da morte, ao inferno, enquanto os bons vão para cima, para o céu. A terra é um vale de lágrimas, no qual o homem de fé é preparado para uma vida melhor no céu.

No entanto, nos últimos decênios, ficou claro para muitas pessoas que algo não se encaixa nessa noção de mundo. Lentamente está se propagando a sensação de que a orientação unilateral para cima torna a nossa vida superficial, incômoda e alheia à realidade. Ela nos faz perder o contato com o fundamento da vida que jaz embaixo, sob a superfície. Nosso espírito perde o contato com o corpo, com a natureza e com a mãe-terra, e corta suas próprias raízes.

O espírito que, deste modo, fica isolado nas mais elevadas esferas não se torna mais puro no além, mas perde sua vitalidade e a proximidade da vida. Fica vagando numa fina atmosfera espiritualizada e permanece indiferente ou hostil diante da vida. O homem ocidental, impregnado de monoteísmo, perdeu em grande parte o acesso à fonte da vida. A "água da vida" provém naturalmente de baixo, da fonte inconsciente. Aquele que a procurar em cima, no ar, morrerá de sede. Isso não significa que tudo o que é bom venha de baixo, ou que não precisemos de estímulos das elevadas esferas espirituais. O que necessitamos é de um novo equilíbrio entre espírito e matéria, entre nossas idéias conscientes e nossas raízes inconscientes.

No Ocidente, estamos começando lentamente, porém com uma intensidade cada vez maior, a nos lembrar das raízes esquecidas, e a procurar as verdades básicas. Chegamos também pouco a pouco a reconhecer que um novo equilíbrio produzirá efeitos benéficos sobre o relacionamento entre homem e mulher. A falta de prestígio do lado maternal sempre esteve associada à desvalorização do elemento feminino e materno.

Nessa busca de nossas raízes, muitos fatos importantes já vieram à tona, e também, sem dúvida, muita tolice. Demorará algum tempo até separarmos o joio do trigo, o aproveitável do inútil. Algumas descobertas foram interpretadas erroneamente ou distorcidas intencionalmente, e algumas se tornaram armas nas mãos dos fanáticos. Entre as descobertas mais importantes podemos citar as seguintes:

— Biólogos comprovaram que o mundo não foi criado por um velho senhor, porém que ele se desenvolveu gradualmente a partir de origens primitivas. Aprendemos, desse modo, que somos aparentados com todos os outros seres vivos e que somos parte da natureza que nos rodeia.
— Sociólogos e historiadores sociais chamaram a atenção para o fato de que a nossa história não é decidida, em primeira linha, por reis e generais, e sim por fatores econômicos e sociais fundamentais.
— Psicólogos exploraram nossos antecessores inconscientes e descobriram que todas as nossas idéias conscientes são amplamente determinadas por fatores inconscientes. Estes, por sua vez, repousam parcialmente em arquétipos inatos.
— Cientistas religiosos tiveram acesso aos ensinamentos orientais, que ainda não perderam contato com as raízes da vida e com o elemento materno.
— Zoólogos e pesquisadores de comportamento encontraram paralelos entre a conduta humana e a animal, com-

provando que todos os seres humanos têm basicamente os mesmos problemas. Adquirimos, desse modo, muitos vislumbres das origens da vida e sentimo-nos intimamente interligados com o mundo animal.

— Ecologistas nos mostraram que somos parte integrante do nosso meio ambiente e que, ao destruirmos as nossas bases materiais, destruiremos a nós mesmos. Lentamente, estamos nos dando conta de que devemos poupar as matérias-primas da natureza para que sobre algo para as próximas gerações. Em vez de dominarmos a natureza e de nos aproveitarmos dela, começamos a almejar uma harmonia com o meio ambiente.

— Na medicina começa-se paulatinamente a despertar as forças curativas inerentes ao corpo, em vez de asfixiar superficialmente os sintomas das doenças com medicamentos e cirurgias.

— Vários novos métodos surgiram, mostrando-nos como podemos reencontrar o contato com o corpo e com o eu interior. Estes assentam parcialmente em antigos ensinamentos orientais, adaptados ao pensamento ocidental.

— Constata-se um empenho crescente de viver mais naturalmente, de alimentar-se de modo menos artificial e, em geral, há a busca de um retorno à mãe natureza.

Algumas dessas novas idéias contribuíram muito para equilibrar o nosso modo de viver, que é como se levássemos um fardo à cabeça (estipulado apenas pela cabeça e pela razão). Outras foram de um extremo ao outro, criando uma nova unilateralidade. Como exemplos, citamos certos adeptos de ensinamentos alternativos que tendem a descartar o seu intelecto, para confiar apenas em seus sentimentos. Agora como antes, trata-se de encontrar o equilíbrio entre o de cima e o de baixo. Nos próximos segmentos pesquisaremos algumas das linhas de pensamentos mais importantes que buscam as nossas origens, os nossos fundamentos e raízes.

A lixeira de Sigmund Freud

O método psicanalítico desenvolvido por Freud também pode ser visto como uma tentativa de chegar às bases da natureza humana e explorar as raízes do espírito humano. Em muitos aspectos, Freud conseguiu libertar-nos de nossa mentalidade ocidental que sobrecarrega a cabeça. Ele nos chamou a atenção para o fato de que o impulso sexual (a libido) constitui em grande parte a motivação de nossos pensamentos e de nossa conduta. Ele também apontou para o fato de que a veneração dos pais exigida na Bíblia tem a sua contrapartida inconsciente: assim como Édipo, muitos homens tendem a odiar a figura paterna. Freud também elevou a antiga arte da interpretação dos sonhos a um nível científico. Descobriu que os sonhos exprimem simbolicamente aqueles sentimentos que o nosso consciente descarta ou reprime. Os sonhos são o lado avesso do nosso raciocínio consciente e, através de interpretações apropriadas, podem desvendar verdades profundas.

Todavia, Freud também era um produto de sua época e de sua situação social. Cresceu sob tradições autoritárias, a que se acrescenta ainda a moral pudica da Viena daquela época. Segundo sua opinião, as mulheres não tinham total igualdade em relação aos homens, não apenas pela falta do pênis, mas também porque sua contribuição à cultura, a seu ver, era mínima. Em vários aspectos, Freud assemelhava-se a um patriarca bíblico que via em seus próprios ensinamentos uma espécie de religião. Advertia continuamente os seus sucessores para manter puros os seus ensinamentos, sem agregar-lhes novas idéias. Freud elevou o conceito do inconsciente já conhecido há anos, tornando-o o centro de sua doutrina abrangente. O objetivo da psicanálise, para ele, era pesquisar o inconsciente e dominá-lo.

Infelizmente, grande parte de suas idéias residem na auto-observação e na análise de pacientes neuróticos. Ele ocupou-se principalmente dos aspectos doentios da alma humana. Seus livros quase nunca falam de pessoas normais e sadias. Através de seu enfoque unilateral, ele chegou à conclusão, após décadas de pesquisas, de que o inconsciente é uma lixeira, uma grande mistura caótica de instintos amplamente influenciados pelo corpo e que, pela sua própria natureza, são negativos e sem estrutura. Seu hábito de fumar charutos incessantemente era um típico reflexo de sua condição espiritual. Mesmo depois que começaram a aparecer tumores cancerosos que corroíam a sua boca até a garganta, ele não abriu mão desse costume, durante anos a fio. Para atenuar as dores constantes decorrentes da doença que ele mesmo provocou, tomava cocaína. É admissível que seus pacientes tivessem um enfoque ainda mais doentio em relação ao corpo e ao inconsciente; daí se infere a suposição de que a alma humana se assemelha a uma lixeira.

A Freud devemos vários vislumbres interessantes dos conflitos da alma, típicos da cultura ocidental. Algumas descobertas psicológicas teriam sido feitas bem mais tarde, sem o seu intenso trabalho de pesquisa. Aprendemos a discutir abertamente os problemas sexuais e a reconhecer rivalidades eróticas no seio da família. Porém, segundo os parâmetros de sabedoria do Oriente, suas teorias parecem irrealistas e unilaterais, já que favorecem o espírito consciente (yang) às custas do espírito inconsciente (yin). Freud não reconhecia que o espírito inconsciente só mostra o seu lado destrutivo quando o espírito consciente perde o contato com a realidade. E no entanto, quando o espírito encontra um equilíbrio sadio, a lixeira transforma-se numa fonte de energia criativa. Vemos então no inconsciente as raízes do espírito que é descrito freqüentemente na literatura oriental como o "eu interior". Quando vivemos em sintonia com as leis cósmicas, o "eu interior" torna-se um fiel aliado.

Os atuais adeptos de Freud tendem a negar que ele considerasse o sexo feminino como de valor inferior. Mas parece que ele também foi vítima da neurose coletiva que procurava curar. Em suas conferências e artigos, Freud ressaltava que as mulheres eram narcisistas e que preferiam ser amadas a amar. Na sua opinião, a vaidade física feminina remonta ao fato de que as mulheres procuram contrabalançar a falta do pênis e a sua inferioridade generalizada por meio da sedução. Ele explica o sentimento de recato tipicamente feminino pelo fato de elas se envergonharem da falta do pênis. No decorrer da história, as mulheres não teriam contribuído em quase nada para a civilização, exceto por terem descoberto a tecelagem, inventada para esconder as suas partes sexuais. Por esse motivo, não nos deveríamos deixar convencer pelos defensores das mulheres quando afirmam que elas, com efeito, são iguais por nascimento, etc. (De uma conferência sobre a feminilidade proferida em 1938.)

Muitas terapias calcadas nas teorias freudianas foram desenvolvidas nos últimos tempos. A teoria do grito primal praticada e descrita por Arthur Janov em seus livros, foi muito difundida [19]. Janov parte do princípio freudiano de que a maioria das pessoas sofre experiências traumáticas em sua primeira infância, as quais, em sua vida posterior, fazem com que inconscientemente elas vivenciem experiências destrutivas. Porém, enquanto os pacientes de Freud lavavam a alma contando seus problemas deitados no divã, os pacientes de Janov gritam e gesticulam como gorilas, para livrar-se de seus sentimentos reprimidos. Teoricamente isso libera conflitos e neuroses internos represados há décadas nos pacientes. As experiências dolorosas da infância são recapituladas mais uma vez sob a direção de um especialista e, assim, neutralizadas. No decorrer dessa recapitulação, com freqüência acontecem prantos, gritos e vômitos. Pretende-se que as pessoas possam se liberar de seus complexos através desse comportamento e possam viver, pela primeira vez, uma vida sadia, produtiva e criativa. Segundo Janov, os vícios da nicotina, do álcool, da droga e da gula desaparecem por meio desse processo.

Após as primeiras três semanas de tratamento, espera-se que a dor física acumulada seja em grande parte afastada. Entretanto, aconselha-se ao paciente freqüentar o centro de tratamento ainda pelo menos durante um ano, para alcançar uma verdadeira cura. Milhares de pessoas pagaram o alto preço do tratamento, apesar de não haver garantia de sucesso e de muitas vezes este não ocorrer. Os êxitos de Janov são raros, faltando pesquisas científicas de terceiros. Existem sinais de que, em alguns casos, os métodos são prejudiciais. As pessoas são facilmente levadas a atribuir seus problemas atuais às experiências da infância ou às influências paternas, sejam elas verdadeiras ou imaginárias, em vez de assumirem a responsabilidade por si mesmas. Sempre se promete de novo ao paciente a felicidade total após o próximo tratamento... após o próximo grito primal... ou após o seguinte. Nesse sentido, o método se assemelha à psicanálise e, no fundo, não é outra coisa senão uma versão dramatizada do método freudiano. Esse é o principal motivo pelo qual é tão vendável e lucrativo. Mas enquanto Freud nunca faturou muito, Janov tornou-se multimilionário em pouco tempo.

Estas e muitas outras terapias semelhantes contêm vários comentários úteis que podem nos ajudar a livrarmo-nos de nossos hábitos e pensamentos ocidentais insolúveis. Porém esses comentários não parecem chegar ao fundo do problema. Algo de ordem intencional e intelectual os detém, e nesse sentido, ainda são muito ocidentais. No próximo segmento mencionaremos um método oriental que atraiu milhões de adeptos nos países ocidentais durante as últimas décadas.

Regar as raízes

Maharishi Mahesh Yogi, introdutor do método de meditação transcendental no Ocidente, gosta de usar a seguinte comparação:

Um jardineiro descobriu que uma de suas árvores havia sido atingida por uma doença. As folhas tinham manchas de parasitas. Trataria das folhas com uma escova ou com um remédio contra insetos? Não, ele era suficientemente inteligente para enfrentar o problema pela raiz. Em vez de deixar-se levar por sintomas superficiais, ele regou a árvore com água do riacho, rica em minerais. Depois que as raízes absorveram a água, a árvore curou-se desde as suas bases e as manchas e parasitas desapareceram das folhagens. A moral da história é que as pessoas doentes e infelizes não podem ser ajudadas com métodos intelectuais superficiais. Em vez disso, precisam aprender a retomar o contato com o "eu interior", com as origens da alma. Na base de toda a vida reside o ser, que se expressa como inteligência invisível, desconhecida e criativa. Este ser não pode ser descrito por palavras, ou analisado pelo intelecto, porém pode ser vivenciado pela meditação.

As pessoas sofrem com o ritmo agitado e com o *stress* da vida cotidiana, principalmente nas grandes cidades modernas. Raramente se concedem um minuto de tranqüilidade e quase nunca chegam a um verdadeiro relaxamento profundo. Tensões de menor importância podem se acumular e, no decorrer dos meses, conduzir a doenças e neuroses. Até eventos agradáveis, como festas, férias ou visitas, podem causar tensão nervosa. Quando o corpo fica em más condições devido à falta de movimento e ao excesso de comida, surge o perigo dos distúrbios circulatórios ou infartos cardíacos. Só nos Estados Unidos, mais de um milhão de pessoas morrem anualmente vítimas de doenças vasculares e cardíacas. Apesar de grandes investimentos em projetos de pesquisa, ainda não se encontrou nenhuma cura para isso, e as doenças degenerativas continuam a se propagar. No entanto, chegou-se à conclusão de que a atitude espiritual de uma pessoa é de relevante importância nesses casos. Muitas vítimas de *stress* perderam a capacidade de se relaxar. Ocupam-se principalmente do mundo exterior, dos objetos, e enfocam a vida como uma luta contínua. Em outras palavras, cultivam as suas características agressivas yang às custas das tranqüilas características yin. Médicos e psicólogos ocidentais quase não estão preparados para tratar desse problema de modo efetivo. Limitam-se normalmente a receitar tranqüilizantes aos pacientes, com a recomendação de que se acalmem, fumem menos, tomem menos café, etc.

Entretanto, no Oriente nunca se perdeu o contato com o eu interior e com o centro em repouso. Muitos iogues desenvolveram fortemente os aspectos yin de sua personalidade, e pode-se descrever alguns entre eles como o protótipo da maternidade. Estão mais bem posicionados do que os cientistas ocidentais para nos reconduzir às nossas origens e dar-nos a tranqüilidade interna que com freqüência tanto desejamos.

Os adeptos da meditação transcendental recolhem-se duas vezes por dia a um lugar tranqüilo, onde não possam ser perturbados. Sentam-se comodamente e recitam uma mantra, palavra sem um significado preciso porém de som agradável, que produz um efeito tranqüilizador e conduz o espírito de volta às suas origens. O consciente mergulha até um plano mais sutil, que é a fonte dos pensamentos criativos. Comunica-se com o espírito interior, yin, e esquece por um momento o mundo externo. A união de ambos os espíritos produz uma situação de harmonia interior que libera as tensões nervosas; velhas feridas são curadas e o mundo exterior se sincroniza com o interior.

Após uns quinze minutos, aquele que medita retorna renovado ao estado normal, ao encontro de sua vida do dia-a-dia. A condição de harmonia interna persiste, e atua beneficamente sobre os seus pensamentos e atividades. Apesar de ser sempre uma experiência agradável, a meditação nunca é encarada como uma meta em si. Medita-se para influenciar beneficamente todos os aspectos do cotidiano. Centenas de experiências em universidades, em inúmeros países, comprovaram o efeito benéfico da meditação transcendental (ou MT, como é mais conhecida). Um grosso volume divulgado pela organização MT menciona os seguintes resultados:

— melhora das faculdades de relaxamento e de recuperação de tensões;
— maior mobilidade espiritual e capacidade de concentração;
— melhor capacidade de aprendizagem e de rendimento escolar;
— maior satisfação e produtividade no trabalho;
— mais elevada auto-realização e desenvolvimento da personalidade;
— diminuição da dependência de drogas, medicamentos, álcool, nicotina, etc.;
— um forte sentimeno de controle interior e exterior;
— uma orientação de vida com mais sentido e alegria;
— menos acidentes e doenças;
— maior autoconfiança e uma atitude mais afetiva na relação com os outros;
— maior capacidade de entender-se com os outros.

Mais de três milhões de pessoas foram introduzidas no método MT. Apesar de quase todas tirarem proveito desse ensinamento de uma ou outra maneira, nem todas atingem a condição de profundo relaxamento nos primeiros dias.

Algumas nunca o alcançam. Aquelas pessoas que denotam um intenso interesse em seu desenvolvimento espiritual e afetivo, são as que, em geral, fazem os maiores progressos. Por um lado a meditação favorece um estilo de vida natural, sem tensões ou drogas, e por outro a meditação traz os melhores resultados depois que nos libertamos de todas as espécies de drogas. Para algumas pessoas isso é difícil. Existem centros de MT em todas as grandes cidades e nos centros universitários. A maior percentagem de pessoas que meditam é de estudantes.

Além do método MT há ainda vários tipos de meditação que, no entanto, não são tão simples, nem são garantidos contra qualquer possibilidade de erro no desempenho, ou tão agradáveis. Por outro lado, a afirmação de certos professores de MT de que ninguém pode ser feliz sem os seus ensinamentos, é evidentemente exagerada. Esse método pode oferecer a solução para todos os nossos problemas? Podemos todos livrar-nos de nossas tensões nervosas e corporais, ao meditarmos duas vezes ao dia? Por que tantas pessoas estão dispostas a desistir de seu trabalho e de uma moradia a fim de acompanhar cursos de meditação para alunos adiantados ou para visitar um guru na Índia? A resposta é tão simples como o próprio método de meditação: há grande carência do importante elemento vital em nossa cultura ocidental, do qual as pessoas precisam para ser realmente felizes, saudáveis e criativas. Em lugar nenhum, nem nas escolas, nos é revelado que a vida tem uma raiz invisível e que cada homem possui dentro de si uma fonte desconhecida de energia criativa. Toda a nossa vida gira em torno de valores superficiais ou "mais elevados". Nossa educação e nossa ciência enfatizam a lógica rígida do espírito yang, com suas tendências para a inqüietação, agressivas e exploradoras.

Através de alguns métodos orientais, podemos aprender a coordenar as nossas forças yang e yin. Podemos criar uma harmonia entre ser e ter, repouso e atividade, relaxamento e tensão.

Porém, no decorrer desse processo, não devemos esquecer que o pensamento do Oriente encerra em si certos perigos — a tendência a se estagnar e a se contentar com as superstições, a tornar-se brando e incerto, indiferente diante dos problemas dos outros.

A medicina do Extremo Oriente

Há mais ou menos cinqüenta anos era um fato consumado que quase todas as doenças podiam ser curadas pelos métodos da moderna medicina ocidental. Além disso, esperava-se que a pesquisa médica dominasse, em breve, a todos os sofrimentos físicos. Desde então foram desenvolvidos milhares de medicamentos novos a cada ano, foram inventadas cirurgias complicadas, próteses requintadas e elaboradas, assim como aparelhos caros. Porém, quanto mais aumentam as despesas, tanto mais doentes as pessoas parecem estar. Nos últimos vinte anos, por exemplo, as despesas com o seguro estatal das doenças aumentaram oito vezes na Alemanha Ocidental, e o número de médicos duplicou. Mesmo assim, a condição de saúde da população piorou progressivamente durante esse tempo.

Chegamos lentamente à conclusão de que não devemos esperar muito da medicina moderna. Autores como Ivan Illich chegaram até a ressaltar que várias doenças atuais são causadas pelos próprios médicos. À longa lista de males que assolam a humanidade moderna acrescentam-se agora os "iatrógenos" (*iatros* = médico, *gen* = criado). Somas gigantescas são gastas atualmente para curar os males causados pelos tratamentos modernos. A internação em hospitais torna-se a cada ano não apenas mais cara, como mais perigosa. O contágio com bactérias perigosas em nenhum lugar é tão alto como nos hospitais. Aquele que ingressa neles enfraquecido, está sujeito a toda espécie de infecções [20].

A assustadora deterioração da saúde da população deve-se, entretanto, principalmente ao acréscimo das doenças degenerativas: sem causas externas visíveis, há uma simples degeneração dos órgãos vitais, como o coração, o fígado, os vasos sanguíneos, o aparelho digestivo, as articulações. Freqüentemente acrescenta-se ainda o câncer a tudo isso, e hoje em dia de cada quatro americanos um já pode prever que adoecerá mais cedo ou mais tarde de câncer. Os médicos enfrentam essa avalancha de doenças sem recursos, e muitas vezes eles próprios adoecem devido ao excesso de trabalho.

Está bem claro que devemos buscar novos métodos de cura. Muitos se voltaram para a cura natural. Outros tiveram sucesso com a medicina alternativa, após terem sido considerados desenganados pelos médicos ortodoxos. Lembremo-nos de Hipócrates, fundador da medicina ocidental há vinte séculos, que afirmava: "O médico pode tratar de uma doença, porém só a natureza pode curar".

Cada vez há um maior interesse pelos métodos de cura do Oriente, que há alguns decênios eram objeto de riso. Fala-se muito a respeito dos surpreendentes sucessos da acupuntura. É natural que os europeus ainda não queiram acreditar muito no fato de as doenças graves poderem ser curadas por picadas de agulhas. Mas, em nossa situação desesperadora, estamos prontos a tentar de tudo. Há séculos parece totalmente lógico aos chineses o fato de ser preciso preservar o equilíbrio yin/yang nos diversos órgãos, e que os fluxos de energia correspondentes a essa polaridade podem ser conduzidos, por meio de agulhas aplicadas nos centros nervosos.

De acordo com os ensinamentos chineses, dá-se o desenvolvimento de uma fraqueza ou doença, nos órgãos, no lugar onde a circulação da energia é interceptada ou demasiado estimulada. O fluxo de energia é então ordenado e normalizado através da acupuntura. Meridianos (vias nervosas) invisíveis passam pelo corpo inteiro, dos pés à cabeça, atravessando todos os órgãos. Determinados pontos no meridiano são particularmente sensíveis. Quando se introduz uma agulha nesses pontos, há uma influência sobre todos os órgãos que esse determinado meridiano atravessa. Também se pode alcançar em parte esses resultados através da denominada "acupressão", na qual, em vez de se usar agulhas, pressionam-se os pontos do meridiano com as pontas dos dedos. O *shiatsu* e o *do-in* também fazem uma massagem e estimulam diversos pontos do corpo. A reflexologia dos pés limita-se ao tratamento das solas dos pés, interligadas por vias nervosas a todas as partes do corpo.

Um outro método de cura e filosofia do Oriente é conhecido pelo nome de "macrobiótica" *(macro* = grande, *bio* = vida). Baseia-se também no princípio yin-yang, e procura melhorar a saúde e a vitalidade através do equilíbrio do corpo e da alma. O fundador desse movimento foi o japonês Jorge Ohsawa, que sofreu muito, quando jovem, de doenças degenerativas. Depois que os médicos desistiram de curá-lo, considerando-o um caso perdido, ele começou a informar-se a respeito de vários métodos de cura. Nessa procura, ele mergulhou no estudo dos antigos conhecimentos de cura do Oriente, que haviam saído de moda a partir do advento da medicina ocidental. Conseguiu a sua própria cura num prazo de poucos anos usando os métodos antigos [21].

Depois disso, ele curou vários parentes e conhecidos da mesma forma. Chegou à conclusão de que a alimentação, o modo de vida e a medicina moderna destroem lentamente a saúde das pessoas. Começou a difundir os antigos métodos de cura, baseados nos princípios yin-yang, em círculos extensos, visitando vários países do Ocidente. Ele considerava a alimentação moderna o maior perigo, pois nela os elementos yin e yang não estão equilibrados. Principalmente nos países ocidentais, as pessoas alimentam-se em demasia, e alguns elementos têm forte predominância: açúcar, produtos lácteos e gorduras (yin) e carne (yang). Antigamente, ao contrário, as pessoas eram sadias porque a sua base alimentar consistia em grãos integrais, que contêm quase todos os nutrientes, numa mistura bem dosada. Segundo os ensinamentos de Ohsawa, uma pessoa só pode ser física e espiritualmente sadia quando atende ao equilíbrio yin-yang, evitando os extremos. Aquele que há anos faz uma alimentação pouco sadia, deve comer apenas arroz integral durante algum tempo, para purificar o corpo.

Talvez Ohsawa tenha concedido uma importância demasiado grande à alimentação, e por isso muita gente evita a macrobiótica. Contudo os seus ensinamentos contêm uma grande quantidade de conhecimentos úteis, difundidos mais tarde pelos livros de seus discípulos, N. Muramoto e Michio Kushi. A Fundação Oriente-Ocidente de Boston foi obra de Kushi, e ela difunde revistas e livros, como também ministra cursos. Alguns desses livros surgiram recentemente na Alemanha, onde já existem centros macrobióticos. Kushi fundou a Erewhon Food Distribution Co. (Cia. Erewhon de Distribuição de Alimentos) nos Estados Unidos, que provê de víveres macrobióticos mais de dez mil comerciantes. O periódico *East West Journal,* fundado por Kushi, é conhecido amplamente nos Estados Unidos e goza de alta reputação. Estima-se que até agora vários milhões de americanos já se tenham habituado a uma alimentação e a um modo de vida mais sadios por intermédio desse periódico.

Kushi formulou as seguintes regras no que concerne à vida do dia-a-dia:

1) Mantenha sua confiança na ordem do universo.
   Tudo tem o seu sentido no jogo de integração cósmica, e através desse reconhecimento você se eleva acima de todas as oscilações e crises inevitáveis da vida diária.
2) Confie em seu próprio julgamento.
   Não siga as opiniões e os erros dos outros sem criticá-los.
3) Sinta-se responsável por sua própria vida.
   Quase tudo o que lhe ocorre — de bom ou de mau — foi causado direta ou indiretamente por você. Isso é principalmente válido em relação à sua condição física.
4) Seja consciente de sua falta de conhecimento.
   Aceite o imponderável da vida e a sua própria falta de conhecimento. Ninguém pode saber tudo; ao reconhecer isso, você alcança a liberação interna.
5) Você é aquilo que come.
   Aquilo que você permite que atravesse seu aparelho digestivo tem influência decisiva sobre o seu bem-estar físico e espiritual.
6) Agradeça à vida pelas dificuldades.
   O conforto enfraquece. Os obstáculos fortalecem. Aquele que evita todas as dificuldades não pode continuar sadio e feliz.
7) Seu inimigo é seu amigo.
   Seu inimigo mostra-lhe as suas fraquezas.
   Ele sabe aquilo que você desconhece. Aprenda com ele.
8) Tudo se transforma.
   Tudo está em constante mutação, tanto no universo

como na vida humana. Yin desperta yang e vice-versa. O início já contém o fim; o fim traz um novo começo.

9) Dê e receba.
Permaneça produtivo e generoso, distribua suas energias aos outros e receba as suas dádivas.

10) Seja alegre e dinâmico.
Tenha pensamentos claros e positivos. Não se irrite. A irritação causa doenças. O riso é sadio.

O conceito yin-yang também foi utilizado por alguns especialistas em curas no Ocidente. O dr. Randolph Stone, nascido na Áustria, fundou a terapia da polaridade. Este método holístico utiliza vários modelos de cura naturais para restabelecer o equilíbrio do corpo, da alma e do espírito. O lado preventivo das doenças é acentuado e abrange toda a pessoa, não apenas um ou outro sintoma. Torna-se claro para a pessoa que ela é em grande parte responsável por sua própria saúde. Os sintomas das doenças são bem recebidos como indicadores úteis que chamam a nossa atenção para a falta de equilíbrio no organismo. Não são combatidos ou afastados como na medicina ortodoxa, e sim indicadores que possibilitam uma cura fundamental de todo o organismo.

Métodos semelhantes são utilizados também por outros terapeutas naturalistas ocidentais e por homeopatas. Estabelecem uma diferença em relação às terapias ortodoxas pelo fato de almejarem uma harmonia de base com a natureza, familiarizando o homem com a fonte de sua força vital.

Nossas raízes biológicas

Ultimamente representantes da psicologia têm chamado a nossa atenção para o fato de existir uma ligação surpreendentemente estreita entre o homem e todos os seres vivos. O fundador dessa "terceira direção" da psicologia, Abraham Maslow, estava muito familiarizado com a zoologia. Por isso estava bem posicionado para reconhecer o denominador comum entre os homens e os animais. Maslow descobriu, por exemplo, em todos os seres vivos a necessidade de se desenvolverem; por isso vários adeptos da *growth psychology* (psicologia do crescimento) se reportam às suas obras. Grande parte de suas pesquisas referiam-se à necessidade humana de auto-realização. Nisso ele diverge bastante de seus colegas que seguem a linha freudiana, ou da psicologia social.

Maslow é conhecido sobretudo por sua obra *Rangordnung der Bedürfnisse* (A ordem hierárquica das necessidades). Esta afirma que todas as necessidades — tanto as elevadas como as grosseiras — são desejáveis em relação à biologia, e que todas elas contribuem para o sucesso biológico. Nossa natureza mais elevada depende, portanto, tanto de nossos instintos como de nossos impulsos inferiores. Nossa natureza mais elevada é integrada pela necessidade de uma atividade inserida num sentido maior, pela responsabilidade e pela atividade criativa e por uma relação plena de sentido com a ordem cósmica, através da filosofia e da religião. Nossas experiências "espirituais" não precisam, portanto, ser restritas à esfera sobrenatural, mas podem ser amplamente de natureza biológica.

Maslow volta-se sobretudo contra a divisão que nós, no mundo ocidental, fazemos tão facilmente de nossas experiências naturais e sobrenaturais. Nossa religião tornou-se estranha ao mundo e estéril através dessa cisão, enquanto nossa ciência se restringe a modos de pensar grosseiramente mecânicos, deixando desatendidos os mais elevados ideais e objetivos humanos. Nossa religião exige uma fé cega e incondicional, ao passo que a nossa ciência só leva em consideração o que é passível de comprovação lógica. Através desse enfoque unilateral, todas as esferas da vida são destroçadas e envenenadas. Perde-se a consciência de que os opostos se completam, de que só juntos constituem um quadro bem equilibrado, o que é representado simbolicamente no conceito yin/yang.

Através de nosso modo de pensar esquizofrênico, desenvolvemos no Ocidente uma religião que perdeu o contato com a vida. Separamos o sagrado do profano. Perdemos a capacidade de perceber os aspectos sagrados no nosso cotidiano. Nossas atividades do dia-a-dia perderam o seu sentido mais elevado. Nosso céu está muito distante, lá em cima, e pouco tem a ver com as nossas necessidades aqui embaixo.

Nossa ciência tornou-se ao mesmo tempo sem sentido e objetiva; já não diz respeito às pessoas e aos ideais e necessidades humanos. Tornou-se uma meta em si, e os cientistas deixam-se guiar apenas pela lógica fria. O objetivo da vida já não é mais a auto-realização ou a harmonia com as leis cósmicas, e sim a adaptação dos homens aos fatos, como, por exemplo, à realidade de nossa opressiva cultura.

Maslow fala muito de nossa "natureza interior", concebida por ele em sentido biológico. Esta diverge do inconsciente de Freud pelo fato de constituir um fundamento positivo e sadio para a "natureza exterior". Torna-se maléfica, cruel ou destrutiva apenas quando é reprimida conscientemente. Tendências criminosas ou perversas em geral remontam à repressão da natureza interior. As pessoas saudáveis e felizes, ao contrário, deixam-se conduzir em grande parte pela sua natureza interior, e encontram uma harmonia entre a sua natureza interior e a exterior. O estreito paralelo entre essa noção e o conceito yin/yang é evidente. Segundo Maslow, a natureza yin interior é sutil e discreta, e pode ser facilmente reprimida pela natureza yang exterior (o consciente). Contudo, raramente desaparece por inteiro e procura incessantemente se expressar.

De acordo com a ordem hierárquica de Maslow, há cinco planos principais:

1) Necessidades físicas, como fome, sede e a respiração.
2) Necessidades de segurança e o anseio pela ausência de de dor, de ameaças ou doenças.
3) Necessidade de participar de algo, de simpatia e de amor.
4) Necessidade de reconhecimento e autovalorização, e a sensação de sucesso pessoal.
5) Necessidade de auto-realização e de desenvolvimento do próprio potencial.

Essas necessidades são habitualmente preenchidas na ordem aqui mencionada. Contudo, vez ou outra, uma necessidade de índole inferior pode ser desprezada ou levada em consideração mais tarde. Portanto, será quase impossível desenvolvermos nosso potencial espiritual e anímico enquanto as nossas necessidades terrenas fundamentais não forem satisfeitas. Chegamos novamente à conclusão de que devemos ter os pés na terra antes de pretendermos alcançar algo nessa esfera mais elevada. Precisamos estar firmemente enraizados nas realidades terrenas, antes que os nossos esforços possam dar frutos sadios.

Por conseguinte, os ensinamentos de Maslow também se fundamentam no exame de pessoas normais e bem-sucedidas. Esse fato os diferencia fundamentalmente dos ensinamentos de Freud, que se ocupam primordialmente com a patologia de neuróticos. E, no entanto, o propósito de Maslow não era tanto o de desmentir Freud. Ele queria muito mais completar os ensinamentos de Freud, delineando uma imagem do homem saudável e normal. Durante longos anos de pesquisas e de conversas com personalidades renomadas, ele descobriu que aqueles que alcançaram em grande medida sua auto-realização e satisfação têm alguns traços em comum. São, por exemplo, mais humanos e apresentam clareza espiritual, estando próximos da realidade. Sua capacidade de ter emoções aparece com maior vigor e espontaneidade. Essas pessoas são mais originais, criativas e, ao mesmo tempo, têm um sentimento marcante da própria identidade. Sua capacidade de contato e de carinho é acima do normal. Com freqüência, vivenciam ocorrências de natureza transcendental e vivem em grande sintonia com o seu eu interior. E, sobretudo, não desprezam a si mesmas, nem trabalham contra a própria natureza.

Várias outras teorias e práticas de auto-realização surgiram nas últimas décadas ao lado dos ensinamentos de Maslow. Todas elas têm em comum o fato de reconduzirem as pessoas às suas raízes anímicas, liberando-as dos becos sem saída constituídos pelas suas idéias alheias à realidade. Nos renomados seminários do "leste" de Werner Erhart, por exemplo, se esclarece brutalmente aos participantes que suas belas teorias são desprovidas de valor e que eles causaram os próprios fracassos e decepções. Depois de reconhecer esse fato arrasador, os participantes são preparados para enfrentar a "verdade definitiva" que, no entanto, não pode ser expressa em palavras.

O seminário do "leste" mostra principalmente a experiência de que a maioria das pessoas hoje em dia vive "vicariamente". Elas não têm mais coragem de ser autênticas ou de confiar em seus próprios sentidos, elas já não raciocinam por si mesmas, nem contam as próprias experiências. Deixaram-se levar pela sociedade a desempenhar papéis forçados, adotar as convicções de outros e adaptar-se à opinião geral. Acostumaram-se às noções cômodas, porém falsas.

O treinamento do "leste" demole impiedosamente a superestrutura intelectual e mostra às pessoas como devem encontrar a si mesmas e como podem restabelecer a sua auto-estima. Isso lhes confere a sensação de novamente governarem suas vidas. Já não se consideram vítimas desamparadas de suas experiências infantis ou de seus pais, professores ou patrões. Já não se visualizam como objetos nas mãos de governos, de grupos de interesses, de aproveitadores, propagandistas, etc. Ficam convencidas de que suas vidas são configuradas por seus próprios pensamentos e ações, e que elas mesmas são responsáveis por seu sucesso ou fracasso.

Nos Estados Unidos centenas de milhares de pessoas participam dos seminários do "leste". Alguns reclamam do autoritarismo dos condutores dos seminários, chamando seu procedimento de lavagem cerebral, através da qual se dá às pessoas uma falsa identidade. Entretanto, a maioria dos participantes são de opinião de que esse evento os ajudou a encontrar a si mesmos e a realizar o seu potencial.

Drogas para as pessoas prejudicadas pelo "stress" e para os que desistem

Drogas como álcool, maconha, haxixe, LSD e ópio têm uma coisa em comum: trazem à tona as características yin das pessoas. Os tensos as utilizam para relaxar e para superar as suas limitações. Outros tomam drogas para afastar a sensação de solidão e para sair de sua redoma espiritual. Algumas pessoas consideram as drogas úteis para encontrarem a si mesmas e para escaparem das obrigações sociais.

Que esta redução da tensão esteja habitualmente relacionada com um sentimento de êxtase e de liberação não altera o fato de que aqueles que a procuram desejem desenvolver em si mesmos o elemento yin. Já que este elemento é subdesenvolvido ou reprimido em nossa cultura ocidental, os viciados em drogas em geral também se interessam pelos ensinamentos ocultos ou orientais. Além disso, a experiência da droga está normalmente interligada com a sociabilidade descontraída. O hábito do álcool, já de há muito difundido no Ocidente, até certos limites é aceito na sociedade. Só o bebedor solitário é considerado alcoólatra.

Vários alcoólatras buscam na garrafa um retorno ao aconchego da infância e a uma condição de ausência de problemas. Mulheres masculinizadas tomam álcool quando desejam ser mais suaves e femininas. Homens acostumados a fumar maconha por vezes desenvolvem seios bem visíveis. Homens de negócios muito tensos anseiam por uma bebida alcoólica após o trabalho, para se descontrair. Intelectuais ambiciosos tomam LSD para sair de suas construções artificiais de pensamentos, na busca de novas experiências para si mesmos. Crianças de origem burguesa fumam haxixe na tentativa de mudar sua mentalidade estreita e se libertar dos preconceitos paternos.

Quanto mais artificial e tensa vai se tornando uma sociedade, tanto mais alcoólatras e viciados em drogas esta sociedade produzirá. As pessoas que preferem um estilo de vida natural e que não perderam o contato com o seu eu interior, raramente anseiam por drogas, ainda que possam tomá-las em reuniões ou cerimônias sociais. As drogas não são, portanto, causa de problemas anímicos e sociais, porém muito mais o sintoma de um conflito reprimido que deve servir como sinal. Se o vício se propagar de modo doentio, podemos inferir que nossa cultura e nosso modo de pensar ressaltam em demasia as características yang. Nossa cabeça foi sobrecarregada e exaltada, e perdemos o contato com o corpo, a natureza, a terra e as raízes de nosso ser. Outros sintomas dessa mentalidade são os seguintes:

— ênfase exagerada no intelecto, às custas das faculdades intuitivas sutis.
— atitudes agressivas em relação ao corpo e incapacidade de sentir-se bem na própria pele. Enfoque mecânico da

medicina e descuido das forças curativas inerentes ao homem.

— exacerbada ocupação com a realidade exterior e com os valores supérfluos e materiais. Desleixo relativo ao potencial criativo interior.

— tendência a raciocinar por meio de fórmulas dualistas — isto ou aquilo — e a aceitação de brigas e violências como condições normais. Incapacidade de solucionar conflitos e problemas;

— preferência por valores yang, esportes violentos e divindades masculinas, em detrimento dos valores yin, de alegria com a natureza e de agradecimento à mãe-terra.

— desleixo quanto à necessidade de amor e simpatia; o amor corporal é considerado como um esporte ou uma dispersão, ou como um meio para atingir metas materiais.

A força de atração das drogas reside parcialmente no fato de reunir as pessoas e os sexos. Principalmente o haxixe costuma ser consumido para aumentar a sensibilidade erótica nos círculos daqueles que compartilham das mesmas emoções. Entretanto, junto com as barreiras e as limitações, por fim também desaparecem o impulso sexual e o dinamismo geral. Em breve, a vontade de trabalhar diminui, de modo que as necessidades da vida são então supridas por meios duvidosos. A princípio, isso pode parecer uma boa medida contra a mentalidade ocidental, tensa demais e sobrecarregada de trabalho. Porém, em última instância, chega-se à conclusão de que as drogas apenas substituem a unilateralidade existente por uma outra unilateralidade, e que perturbam as forças que regem o organismo e a sociedade. A longo prazo os efeitos sobre o espírito e o corpo são, quase sem exceção, indesejáveis. As drogas só têm efeito benéfico nas mãos daqueles que não lhes dão muita importância. Todavia, essas pessoas têm acesso a caminhos naturais para criar uma harmonia interior e experiências transcendentais. E também desfrutam de acontecimentos sociais com prazer, sem terem de se abandonar às drogas.

7. O modo de vida no Oriente

A China é diferente

Na China encontramos a mais antiga civilização que sobrevive sobre a terra. Houve civilizações arcaicas também em outras partes do mundo, porém aqueles que habitam hoje esses territórios já quase não têm uma conexão viva com os seus antecessores. Na China, ao contrário, os atuais habitantes sentem-se estreitamente interligados à sua história milenar. A linguagem transformou-se pouco, e não é difícil ler textos que foram escritos antes do início da contagem do tempo no Ocidente. Mesmo na China comunista, os jornais citam com freqüência textos provenientes de períodos correspondentes à Idade da Pedra européia.

Apesar disso, pouco conhecemos sobre esse país até agora. O que sabemos sobre a China parece-nos muitas vezes misterioso e de difícil compreensão. O legendário Reino do Meio até há pouco estava oculto atrás das montanhas do Himalaia e do deserto de Gobi. Há milhares de anos, a ligação entre a Europa e o Extremo Oriente era constituída de uma rota comercial, apenas raramente trafegada por caravanas, por missionários ou viajantes como Marco Polo. Os europeus tinham ligações mais estreitas com a Índia, o que era facilitado pelas raízes lingüísticas comuns indo-européias, pela consangüinidade étnica e pelo modo semelhante de raciocinar. A China é um país gigantesco e poderoso, com uma cultura própria muito desenvolvida. Sua população mostra grande vitalidade e constitui quase a quarta parte da população do mundo, com um bilhão de habitantes.

Paisagem chinesa do século XVII

No decorrer da história, a China absorveu, integrou e assimilou quase todas as influências estrangeiras. Isto em parte se deve à sua filosofia superior ligada à terra, que estimula um sentido de equilíbrio, humor e harmonia cósmica. Seu modo de vida natural e seu sentido familiar também ajudaram os chineses a manter com sucesso a sua identidade no decorrer de milênios.

A arte chinesa caracteriza-se pelas linhas nítidas e por uma perceptível simplicidade. Detalhes desnecessários são deixados de lado, e cada pincelada é importante. É famosa a história do rei que encomendou a vários artistas o desenho de um determinado cavalo. Um deles terminou em dez minutos e foi para casa. Os restantes levaram semanas e meses a fio, sem no entanto superarem o quadro do primeiro artista. O rei pediu-lhe para revelar seu segredo. Sua resposta foi a seguinte: "Treinei durante trinta anos para deixar de lado o irrelevante".

A maioria das obras de arte chinesas configuram pessoas em ambientes naturais, entre tufos de bambu, quedas-d'água, lagos, montanhas, etc. Enquanto os quadros ocidentais representam com freqüência indivíduos proeminentes ou ricos e são encomendados pela Igreja, pelo Estado ou por homens de negócios, os chineses mostram a vida do dia-a-dia das pessoas simples, inseridas em seu contexto natural. Toda a cultura chinesa é muito mais campesina, em sua essência, do que feudal. Vários objetos do uso diário foram reproduzidos com grande talento artístico, e os antigos pratos chineses de porcelana atualmente são adquiridos a peso de ouro por colecionadores do mundo inteiro.

Os chineses acreditam até hoje na força cósmica original Chi, que se expressa em todo o universo, assim como a vida humana, pois jaz oculta e latente em todo homem. Todos os textos chineses arcaicos sublinham que os homens só podem pensar e atuar de modo correto quando estão em harmonia com o Chi, cuja sede se encontra na região da barriga (próxima do plexo solar) e que chega a se expressar por intermédio do coração. Na China e no Japão há diversos métodos para restabelecer essa harmonia — como, por exemplo, o tai-chi chuan, o judô e o aikidô (autodefesa), o *shiatsu* e o *do-in* (massagem), a meditação zen, etc. No Japão, a necessidade de harmonia encontra sua expressão no marco da vida do lar, através da cerimônia do chá e do ritual do arranjo de flores *(ikebana)*. Também são famosos os jardins japoneses, nos quais as plantas, as árvores e as pedras são ordenadas de modo simbólico.

Muitas das noções chinesas que se desenvolveram a partir de épocas arcaicas, e em parte contidas no *Livro das mutações,* foram formuladas há cerca de dois mil e seiscentos anos por Confúcio. Em suas obras, ele descreve que só podemos ter pensamentos claros quando ouvimos o nosso coração. Contudo, as nossas ações só podem ser propícias quando temos pensamentos claros. Todo pensamento e sabedoria se enriquecem e harmonizam através do contato com o coração. Todas as ações nefastas são obras daqueles que perderam esse contato. Enquanto os religiosos do oeste pedem paz e bênçãos a Deus, os chineses procuram a sintonia com o Chi, estando à espreita dos desígnios do coração. Confúcio nunca se valeu do conceito de um deus; preferiu não mencionar esse tema. A palavra chinesa mais próxima ao nosso vocábulo "deus" talvez seja "yang", a metade masculina da força primordial Chi.

A respeito da arte de ter pensamentos claros, Confúcio dizia que deveríamos conhecer "o ponto em repouso" em nosso interior. Através dele, obtemos conceitos claros e práticos que nos possibilitam atuar de modo acertado e efetivo, mesmo nas circunstâncias mais confusas e perigosas. Explicou que todas as coisas têm as suas raízes subterrâneas e os seus ramos acima da terra. Tudo tem uma origem invisível e um desdobramento visível. Não devemos emaranhar a seqüência das coisas, assim como não devemos esquecer a diferença entre a cabeça e os pés. Essa seqüência também deve ser respeitada no que concerne às circunstâncias sociais; a maioria dos filósofos chineses alerta para este fato, de um modo ou outro. Isso em geral é ilustrado pela seguinte história:

Um rei já não conseguia lidar com as condições caóticas de seu reino e pediu conselho a um venerável e sábio ancião. O sábio explicou-lhe que primeiramente é preciso pôr ordem nas províncias, a fim de se normalizar depois as condições em todo o país. Para governar as províncias de modo correto, é preciso primeiro cuidar da paz nas aldeias e cidades. Porém, os habitantes das aldeias e cidades só podem atuar com acerto quando há harmonia no interior da família. A ordem em família, por sua vez, só é possível quando o homem e a mulher se entendem bem. Porém os homens e mulheres só se entendem bem quando vivem em sintonia com os seus corações, quando se harmonizam com o Chi e com a ordem cósmica. Essa harmonia não pode ser imposta por leis, pela polícia ou por exércitos — ela só pode ser inspirada por um rei que se harmonize com o Chi.

Mas a força original Chi é constituída da união de yin e yang. Estes são os dois elementos cósmicos que se complementam mutuamente e que estão relacionados entre si, em constante mutação. Essa polaridade dinâmica se exprime bem no símbolo Chi. Cada uma das duas metades contém o germe da outra e compartilha de certas características da sua contraparte. Quando o lado yang se desenvolve ao extremo, surge uma tendência para o lado yin, e vice-versa.

Quando o espírito ocidental contempla esse símbolo, tende a se identificar com uma metade, recusando a outra. Projeta facilmente sua unilateralidade e seus conflitos interiores sobre o símbolo. Tende a preferir o elemento claro yang em detrimento do elemento escuro yin. Um erudito chinês consideraria esse modo de pensar primário e infantil, já que, diante da realidade em mutação incessante, ele não se justificaria.

É natural que a linha de pensamento reta e lógica do Ocidente tenha também o seu lado positivo, sempre e quando não for cultivada às custas da intuição, tão próxima à vida. Só pode ser útil quando aplicada por pessoas espiritualmente equilibradas. Há um provérbio conhecido tanto no Oriente como no Ocidente, que diz o seguinte: "Quando o homem errado utiliza métodos certos, estes produzem resultados indesejáveis". Nosso fanatismo unilateral, com sua mentalidade yang, já nos conduziu à beira do abismo ecológico e da catástrofe atômica, causando uma desagregação da família e da sociedade. Isso não quer dizer que tais problemas não existam no Extremo Oriente, ou que a cultura chinesa seja superior à nossa em todos os aspectos. Mas o que se constata nitidamente a partir da comparação das duas culturas é que cada lado tem algo a aprender com o outro.

Alguns símbolos orientais e ocidentais:

A cruz — símbolo fundamental, masculino, vertical de linhas retas, opressivo.

Símbolo da religião xintoísta japonesa, árvore repousando sobre a terra.

Tai-chi — equilíbrio dinâmico entre yin e yang, entre homem e mulher.

O zen libera de ilusões

Ainda que as raízes dos ensinamentos zen residam no budismo (procedente da Índia) e no taoísmo (procedente da China), este desenvolveu-se nos últimos oitocentos anos como um fenômeno tipicamente japonês. Mas a idéia básica budista permaneceu: segundo Buda, todas as nossas preocupações e problemas resultam da nossa própria ilusão. Então tornamos a nossa própria vida difícil com hábitos de pensamento irreais, pois confiamos demasiado em construções racionais que não correspondem aos fatos da vida. Precisamos habilitar-nos a reconhecer as verdades originais e a prescindir de preconceitos. Isso pode ser alcançado através do treinamento diário na meditação *zazen,* com a orientação de um mestre zen.

O zen evita discussões e especulações intelectuais. Em vez disso, busca a iluminação através de vivências diretas e de intuições no cotidiano. Vive-se o aqui e o agora, e encontram-se ocasiões para o vislumbre religioso nos aspectos práticos do dia-a-dia.

De modo inverso, atribuem-se também significados religiosos aos aspectos práticos da vida diária. Cada atividade pode servir como caminho (Do em japonês, Tao em chinês) que conduz à iluminação. A cerimônia do chá é um exemplo bem conhecido, um rito social que emerge diretamente dos ensinamentos zen. O espírito zen se expressa, além disso, na caligrafia japonesa, na ikebana, na haicai e em outras artes. O judô e a atividade do arqueiro expressam a simplicidade, a espontaneidade e a presença de espírito da mentalidade zen, de um modo específico.

Esse processo é relatado em detalhe no livro intitulado *A arte cavalheiresca do arqueiro zen,* de Eugene Herrigen [23]. O autor passou cinco anos sob a direção de um mestre a fim de aprender o "ritual religioso" do arremesso, com os movimentos espontâneos e desprovidos de esforços que nele culminam. No decorrer de todos esses anos o seu ser transformou-se de modo fundamental, até que lhe foi possível constituir uma unidade única com o arco e o alvo, de modo a que a flecha voasse ao encontro do alvo por si mesma. Este livro é especialmente recomendável por visualizar o espírito zen por meio de ocorrências e de exemplos, evitando explicações intelectuais.

A maior parte dos discípulos zen recebem de vez em quando um *koan* (enigma) através do qual se pode comprovar o seu grau de amadurecimento. O *koan* é uma espécie de frase aparentemente ilógica, na qual se oculta um profundo significado. Muitas vezes os principiantes recebem sentenças sobre as quais a princípio meditam por muito tempo, antes de sugerir uma solução ao mestre que, em geral, é recusada. Exemplos:

— "Que rosto você tinha antes de os seus pais nascerem?"
— "Quando você bate palmas, há um ruído. O que você escuta quando bate com uma só mão?"

A resposta ao segundo *koan* talvez seja a de que se precisa de ambas as mãos para bater palmas, assim como se precisa de duas pernas para andar. O yin e o yang precisam um do outro, assim como o homem e a mulher. Se o mundo tem um pai, forçosamente terá uma mãe. É preciso uma lógica para pensar claramente, como também é preciso intuição, etc.

A poesia japonesa se distingue pela sua espontaneidade. Famosos são os poemas haicai, compostos de poucos versos, cujo tema costuma ser os cenários naturais da vizinhança:

Gotas de gelo cada vez menores.
Já ouço os pássaros.
O açafrão colorido brota da neve.

Há alguns anos, um psicólogo americano escreveu um livro que chamou muito a atenção, intitulado *The Japanese mind*[24] (O pensamento japonês). Após pesquisas exaustivas, ele constatou que os japoneses experimentam a vida de modo muito particular. Seu cérebro, por exemplo, registra, como se fossem da mesma espécie, tanto o som do canto dos pássaros como o da voz humana. Percebem os sons emitidos pelos diversos animais como uma "linguagem", enquanto essas mesmas tonalidades pronunciadas por pessoas de outras nacionalidades são consideradas apenas como ruídos. Isso explica o pensamento intuitivo, tão ligado à natureza do japonês, e nem mesmo os chineses, tão interligados à natureza, se assemelham nesse sentido. Portanto, a diferença do pensamento ocidental é muito grande, pois este se distancia conscientemente da natureza. Enquanto foram edificados vários templos dedicados a animais no Japão, estes só são mencionados na Bíblia como sacrifícios de sangue, ou como alimentos. De acordo com a teologia católica, os bichos não têm alma — e, por sinal, nem os pagãos; por isso podem ser torturados e maltratados.

Os japoneses têm uma relação particularmente estreita com os animais, as plantas e as árvores. Estátuas de animais são encontradas em toda parte, e cada animal tem um significado simbólico. Raposas equivalem a símbolos de sucesso terreno e os cachorros são os guardiões dos templos. Segundo a astrologia chinesa, até os anos têm nomes de bichos: há o ano do rato, do touro, do tigre, do gato, do dragão, etc. Quando, por algum motivo, as árvores precisam ser derrubadas, celebram-se cerimônias fúnebres em honra à alma dessas árvores. Não é por acaso que alguns "costumes pagãos" são encontrados entre os indígenas americanos, pois é provável que estes tenham vindo do Oriente através da Sibéria e do Alasca. O fato de os atuais japoneses suplantarem o Ocidente até em áreas tecnológicas, econômicas e científicas, pode ser considerado como uma ironia do destino. Isso não se deve tanto ao fato de a cultura japonesa ser perfeita, mas sim ao fato de faltar equilíbrio à cultura do Ocidente. Batemos palmas com uma só mão, corremos com uma só perna, e confiamos demasiado no elemento (yang) paternal.

Por que Lin Yutang era pagão

Em seu livro *A sabedoria da vida risonha,* Lin Yutang relata que era filho de um pastor cristão e foi criado na China [25]. Em sua juventude ele havia aceitado os ensinamentos cristãos como algo totalmente natural e preparava-se para seguir mais tarde a profissão de seu pai. Durante os seus estudos, todavia, surgiram as primeiras dúvidas religiosas. Por exemplo, ele observou que muitos cristãos pediam a Deus pequenas dádivas, bom tempo ou chuva, sucesso na pescaria, ou outras coisas. Depois agradeciam a Deus se tudo saísse como desejavam, como se Deus não tivesse nada melhor a fazer do que atender a milhões de desejos individuais. Esse costume tão difundido parecia-lhe primário e vergonhoso. Aceitava melhor a crença pagã de que os próprios homens são responsáveis por suas vidas, que são indivíduos adultos e não pequenos filhos do Deus todo-poderoso. Por exemplo, não se deveria considerar egoísta e infantil que certas pessoas pedissem chuva, ao mesmo tempo que o seu vizinho desejasse bom tempo?

Outra coisa que incomodava Lin Yutang era o conceito do pecado original, em conseqüência do qual todos os homens são pecadores por haverem sido "concebidos em pecado", produtos do ato sexual pecaminoso. Ele questionava por que a humanidade só podia purificar-se de seus pecados pelo fato de um homem santo ter sido morto há dois mil anos. Ele também não tinha dúvidas sobre o que motivava os cristãos a praticarem boas ações. Não seriam bons apenas para chegarem ao Céu e por terem medo do Inferno? Os pagãos chineses sentiam unicamente compaixão e desprezo por esse tipo de religiosidade.

A noção cristã da imortalidade parecia arrogante e ingrata a Lin Yutang. Os cristãos não se satisfazem com a imortalidade do processo total da vida, com o grande fluxo vital que flui incessantemente rumo à eternidade e do qual constituem uma parte. Não se dão por satisfeitos por haverem recebido este corpo maravilhoso, de características quase divinas. Também querem viver para sempre!

Comparada à complexa teologia cristã, a fé pagã dos chineses é muito simples e natural. De forma alguma deixam de considerar-se religiosos, apesar de não ostentarem uma conduta tão piedosa. Os chineses não se inclinam tanto à certeza de possuírem uma fórmula religiosa patenteada pela "palavra de Deus". A tolerância e a liberdade religiosa têm longa tradição no Extremo Oriente, onde nunca houve algo semelhante à Inquisição européia, que torturou e queimou vivos milhares de inocentes em nome de Deus.

Em comparação, Lin Yutang considerava os pagãos chineses bastante compreensivos. Eles pareciam ter uma noção sadia de honestidade e de humor. Não exigiam demais nem muito pouco da vida, e alegravam-se tanto com os seus prazeres terrestres, como com os celestes. Uma boa refeição podia significar para eles tanto quanto um bom livro. Grandes idéias não lhes pareciam mais importantes do que a harmonia entre o homem e a mulher.

Acima de tudo, os chineses atribuem grande valor ao equilíbrio e à moderação. Grandes riquezas parecem-lhes tão indesejáveis como a pobreza extrema. Estão longe da tendência ocidental à perfeição e aos extremos. Mesmo considerando a moderação como virtude, não a exageram. Apesar de desejarem melhorar a sociedade, não almejam uma ordem rígida. Não esperam uma felicidade total, nem um casamento perfeito. Sempre procuram o caminho do meio, evitando os extremos. Nem no céu eles buscam uma perfeição absoluta, e sim um sensato equilíbrio de forças. Por isso, na sua opinião, as pessoas nada terão a temer enquanto se conduzirem de modo sensato e mantiverem o seu sentido de humor. Em última instância, tudo na vida se iguala: a noite segue o dia, a vazante segue a maré alta, as árvores não crescem até o céu, o homem mau cai em sua própria armadilha e o arrogante torna a própria vida difícil.

Após haver residido vários anos nos Estados Unidos e depois de inúmeras viagens à Europa, Lin Yutang refletiu longamente sobre a diferença entre o modo de vida do

Ocidente e do Oriente. Como representante de uma cultura mais antiga e madura, ele pode nos auxiliar a reconhecer a problemática de nossas doenças infantis:

— Na nossa sociedade ocidental, dispomos de muito pouco tempo uns para os outros, pois "tempo é dinheiro". Nem sequer temos tempo para nós mesmos, e sentimo-nos culpados quando não estamos ocupados de alguma forma. Perdemos a faculdade de nos alegrar com o ócio e com a beleza da natureza.
— Em nosso hemisfério os idosos envergonham-se de sua idade e tentam parecer jovens e ativos. Na nossa escala de valores, a maturidade e a dignidade não ocupam uma posição muito elevada. O fato de os jovens não poderem relaxar já é suficientemente nocivo. Com a idade, essa incapacidade torna-se uma espécie de doença mental que, com freqüência, causa verdadeiras doenças. Além disso, inúmeros jovens julgam que os mais idosos nada têm a oferecer e que são apenas um fardo para a sociedade.
— No Ocidente, as pessoas ainda não sabem que o isolamento e o recolhimento interior são de grande importância. Ainda são principiantes na arte de, após um dia de trabalho forçado, deitarem-se na cama. Muitos homens de negócios poderiam ser mais sadios e ricos se de vez em quando concedessem a si mesmos algumas horas de quietude. Obteriam a clareza espiritual de que precisam para resolver com sucesso suas questões. Os pensamentos irrelevantes desaparecem nesses períodos de silêncio, enquanto os pontos importantes surgem com maior nitidez. Os músculos se descontraem, os sentidos tornam-se mais apurados e o consciente entra em sintonia com as fontes inconscientes.
— A atração sexual desempenha um papel predominante no Ocidente. A mulher torna-se um brinquedo, não é vista como o eixo central da família. Homens e mulheres não se complementam, porém competem entre si pelo dinheiro e pelo sucesso.
— No Ocidente as pessoas são sobremaneira higiênicas, de vários modos. Mesmo assim, não nos importamos de dar a mão para todos os tipos de pessoas. No Oriente,

preferimos juntar nossas próprias mãos quando cumprimentamos ou nos despedimos das pessoas.

— As vestimentas ocidentais não são particularmente naturais, não são próprias para o corpo humano. Há empecilhos para o corpo, como cintos, colarinhos, gravatas, chapéus e sapatos apertados. As roupas não são nem estéticas, nem higiênicas ou econômicas. Servem principalmente como símbolo de *status* e para chamar a atenção, porém são incômodas e pouco práticas.

— Nossas cadeiras são muito altas, nelas não se pode relaxar. Deveríamos cortar as suas pernas, ou apoiar os nossos pés, ao nos sentarmos num banquinho. Nossa saúde também melhoraria se nos sentássemos mais freqüentemente no chão ou se ficássemos de cócoras. Em nenhum outro lugar sentimo-nos tão tensos como sobre os altos bancos dos bares americanos. As cadeiras altas talvez sejam inevitáveis nos escritórios, porém destoam em outros lugares. Cada dia deve constituir um ciclo de trabalho e brincadeira, de tensão e distensão. Quando o corpo e o espírito nunca se distendem, o homem fica nervoso e doente. Principalmente as mulheres perdem as suas características femininas com uma vida como essa.

— A maioria das conversas no Ocidente são sóbrias e decorrem em tom de negócios. Falta às pessoas a serenidade e o sentido de humor, assim como as nuances tênues. O Extremo Oriente cultiva o companheirismo e a amizade, por meio da cerimônia do chá e durante outras oportunidades para se manter contato. Os utensílios a serem usados e a atmosfera da reunião são preparados com cuidado para a ocasião, e com muita sensibilidade, levando em conta a personalidade de cada convidado.

— Nossas escolas ocidentais usam métodos de produção em massa e sublinham os testes e as provas práticas. Os estudantes precisam acumular muitos conhecimentos e não desenvolvem a sua capacidade de raciocínio e de julgamento, nem o seu gosto estético ou a sua criatividade.

— Em geral, nossa alimentação é preparada com pouca

imaginação. Muitas vezes falta-lhe frescura, sabor e variedade; é cozida em demasia ou preparada de modo artificial.

— Nossas casas não se encaixam organicamente na paisagem. Muitas vezes parecem pequenas construções industriais de ângulos retos edificadas sobre a terra aplainada. Até os jardins costumam ser artificiais, plantados em ângulos retos.

A filosofia-mãe de Lao-tsé

Confúcio assinalava freqüentemente que os seus ensinamentos não eram novos e que se baseavam em grande parte no *Livro das mutações.* Seu contemporâneo Lao-tsé, fundador do taoísmo, também empregou a noção de equilíbrio cósmico entre yin e yang. Porém, enquanto Confúcio se inclinava mais para a direita, recomendando uma forma suave de patriarcado impregnado de autodisciplina, de etiqueta e hierarquia, o posicionamento de Lao-tsé era mais liberal. Suas concepções sobre o mundo e sobre o papel que nele desempenhamos são narradas em seu livro *Tao-te king* (O livro do sentido e da vida). Este contém apenas oitenta e um versos breves, e mesmo assim é um dos livros mais conhecidos da literatura mundial. Cada verso está cheio de observações profundas, e diz-se que o próprio Confúcio podia avaliar apenas parte da sabedoria contida no *Tao-te king.* O famoso sinólogo Joseph Needham o chamou de a mais profunda e bela obra da literatura chinesa.

Lao-tsé descreve a "Mãe Eterna" como a essência do universo inerente no fundo de todas as coisas, efetuando ao mesmo tempo ordem e mutação. Essa força misteriosa é invisível e não tem nome [26]:

O Nome que pode ser pronunciado não é o verdadeiro nome.
A Verdade que pode ser descrita com palavras não é a verdade eterna.
Não podemos descrever o começo do Céu e da Terra.
As coisas relativas não podem ser definidas com palavras, qualquer descrição é mera comparação.

Quem compreender isso também compreenderá que o que é relativo forma uma Unidade com o Ser Absoluto de Tudo.

Quando reconhecemos uma coisa como bela, desta forma já achamos a outra feia ou má.
Quando consideramos fácil uma coisa, já definimos a outra como difícil.
O Alto e o Profundo são dois aspectos da mesma Harmonia.
Portanto, o Sábio age com mansidão e orienta com palavras suaves. Ele age em uníssono com as leis naturais e oculta o seu eu.

Visto de fora, o Tao parece vazio e, no entanto, está repleto de energia inesgotável. Essa energia está à disposição dos que lhe compreendem a essência.
O Tao aponta o caminho e destrói a confusão interior e exerior. Ele não tem começo nem fim.

Lao-tsé deu o nome provisório de Tao à força cósmica original, que significa algo como "Caminho" e sugere movimento de seres e ocorrências através do tempo e do espaço. O Tao desenvolve-se de si mesmo, ordena a si mesmo e transforma-se incessantemente segundo leis eternas. É o fundamento de todas as coisas no céu e na terra. Sua força materna tem uma influência suave no curso das coisas, sem entretanto governar abertamente: "...É a mãe inconcebível, a raiz do Todo". Ao traduzirmos literalmente do chinês os símbolos gráficos do sexto verso, obteremos mais ou menos o seguinte significado: "A vaca (o elemento feminino) misteriosa é imortal, sobre ela repousam o céu e a terra. Semelhante à nuvem, é isenta de forma, está incessantemente em mutação".

Segundo Lao-tsé, a nossa meta deveria ser viver em sintonia com essa força. Devemos ser modestos, suaves e adaptáveis. Aquele que se intromete com violência no curso natural das coisas prejudica a si mesmo e causa o caos. Nossos pensamentos devem aproximar-se da realidade e ser flexíveis e, se preciso, nossas opiniões devem mudar tanto quanto a temperatura. Devemos nos sentir fortes por meio do nosso contato com o Tao e, no entanto, mostrar-nos ex-

Lao-tsé

teriormente fracos e insignificantes. A mania de buscar o poder, a posse e a fama não traz felicidade, pois essas coisas dependem da boa vontade de terceiros.

No âmbito social, o governo deve intrometer-se o menos possível. Todos temos o desejo inato de ser bons e honestos, e um modo de vida simples e inocente desperta essas virtudes. Um bom governo influencia imperceptivelmente a sociedade, ao influenciar o desenvolvimento em seus primeiros estágios, em vez de usar a violência mais tarde. Todos os esforços de impor a ordem por meio de leis, policiais e guerras trazem apenas ainda mais desordens e sofrimentos.

Se, ao contrário, a sociedade se harmonizar com o Tao, os interesses do indivíduo somam-se aos da comunidade. Os dirigentes hábeis formulam as suas ordens de modo a que elas concordem com a natureza humana, e, ao evitarem a ostentação e a pompa, dão um bom exemplo. Os dirigentes não deveriam esquecer-se de que devem a sua posição ao povo e que são um produto da sociedade. Deveriam preservar um sentimento de versatilidade, e atender à voz do povo. Grandes problemas são muitas vezes conseqüência de conflitos insignificantes que a princípio foram desatendidos ou silenciados. Governantes hábeis alcançam o sucesso por cuidarem conscientemente de todos os detalhes, enquanto os dirigentes fortes e autoritários ocasionam conflitos e catástrofes pelo seu modo de proceder. A distribuição de renda da população deveria ser feita com muita justiça, para não suscitar invejas nem induzir as pessoas ao roubo.

Em quase cada página do *Tao-te king* podemos descobrir uma alusão ao suave modo de vida yin, ou ao elemento yin na ordem social ou cósmica. Talvez isso esteja interligado com a própria vida de Lao-tsé. Segundo tradições chinesas, ele nasceu em 604 a.C., e era filho de um camponês. Demonstrou grande interesse pela filosofia e pelos textos antigos em sua juventude. Mais tarde tornou-se arquivista na corte de um príncipe, onde teve um vislumbre da vida palaciana e da política. As intrigas, extravagâncias e futilidades logo o enojaram, e ele sentia saudades da vida natural.

Podemos inferir que, entre os antigos textos, ele tenha encontrado algumas referências a culturas e costumes antigos que se aproximavam do modelo matriarcal sugerido no seu livro. Arqueólogos e historiadores da atualidade comprovam a existência dessas sociedades pacíficas na antiga China, no sudeste asiático e em outros pontos da Terra.

Lao-tsé fala dos seus antecessores, os quais conheciam o caminho correto e viviam em sintonia com o Tao. Viviam de modo simples, não precisavam de um governo dispendioso e dispunham de poucas armas. Não nutriam grandes ambições e é provável que não tivessem o progresso técnico em alta conta. Ao que tudo indica, essas culturas foram repelidas no decorrer dos séculos por patriarcados guerreiros, do mesmo modo como as culturas pré-históricas yin na Europa foram repelidas pela nossa atual cultura yang. Muito poucas descrições das antigas culturas e costumes foram preservadas, e no *Tao-te king* temos talvez o seu exemplo mais puro e abrangente. Os ensinamentos dos essênios, traduzidos por B. Szekely, cujas raízes remontam à Ásia central, transmitiam ensinamentos semelhantes. Estes, por sua vez, ingressaram no Novo Testamento através da conexão de Jesus com os essênios, como já foi mencionado no segundo capítulo.

O nome Lao-tsé é um título de nobreza cujo significado é "O Velho" ou "Criança Sábia", pois seu verdadeiro nome é Li Pe-jang. Conta-se que Lao-tsé abandonou sua terra natal em idade avançada. Ao chegar à fronteira, um guarda pediu-lhe para deixar algumas palavras sábias para seus conterrâneos. Ele realizou esse desejo escrevendo, num só dia, a mais bela e profunda obra da literatura chinesa, o *Tao-te king*. Depois disso, ele se recolheu à sua tão amada solidão e nunca mais foi visto.

"I ching": a família cósmica

Muitos vêem no *Livro das mutações — I ching,* em chinês — um misterioso texto oracular. Outros o consideram uma fonte de profunda sabedoria psicológica e filosófica. Alguns reconhecem nele o modelo de uma ordem cósmica plena de sentido. Outros, ainda, o consideram como uma mistura de sabedoria e de superstições triviais sem muito sentido.

Estudantes recorrem ao conselho desse livro quando desejam decidir se devem estudar ou ir nadar. As moças permitem que o *I ching* as aconselhe quando desejam saber qual rapaz combina com elas. Em seu prefácio à versão traduzida por Richard Wilhelm, C. G. Jung descreve como às vezes ele passava horas debaixo de uma velha árvore, deixando que o livro respondesse a suas perguntas. Os resultados repetiam sempre conhecimentos surpreendentes, e conexões lógicas inesperadas esclareciam procedimentos duvidosos que antes lhe haviam parecido pouco claros. Por vezes, problemas difíceis e de longa data eram solucionados em minutos por intermédio de uma perspectiva obtida dessa forma. Jung explicava esse fenômeno por meio de certo "sincronismo" entre as ocorrências no mundo da matéria e no mundo do espírito. Portanto, se ele obtinha determinado oráculo num determinado momento, essa determinada ocorrência simultânea correspondia a eventos que aconteceriam no mundo real.

O psicólogo inglês Stan Gooch menciona o *Livro das mutações* em vários de seus trabalhos, chegando à seguinte conclusão: "O *I ching* provavelmente nos possibilita um acesso à dimensão da eternidade, na qual são superadas as fronteiras do tempo e do espaço... Pessoalmente, não tenho a mais remota noção de como se poderia começar a escrever um livro como esse, e ninguém pode me dar essa resposta. O fato é que esse livro misterioso encerra resultados práticos" [27].

Os primórdios do *I ching* eram sinais de linhas riscadas em ossos, referentes ao tempo, à colheita, à caça e a outras atividades práticas. Esses ossos, de quatro a cinco mil anos atrás foram encontrados em escavações. Mais tarde, os textos foram apresentados em peles de animais, e o rei Wen deve ter-lhes conferido a versão atual por volta de 1200 a. C. As gerações que se seguiram acrescentaram comentários, e o texto foi reescrito diversas vezes. No decorrer do tempo foram acrescentadas citações das obras de duzentos e dezoito filósofos e eruditos. Atribui-se a Confúcio a redação de vários comentários. Ele considerava o livro como a sua mais importante fonte de inspiração e sabedoria. Conta-se que usava o seu exemplar com tanta freqüência, que foi necessário reencaderná-lo várias vezes. Seu contemporâneo, Lao-tsé, também encarava o *Livro das mutações* como o fundamento de sua filosofia, e o mesmo é válido para quase todos os outros filósofos chineses. De fato, todas as áreas da vida chinesa são influenciadas há milênios por esse livro, e, segundo a lenda, há um ser de força sobrenatural oculto entre suas páginas [28]. Até hoje, na China comunista, o *Livro das mutações* é reconhecido como uma obra de relevância, ainda que alguns dos comentários patriarcais provenientes de Confúcio sejam rejeitados.

Muitos leitores do Ocidente acham esse livro particularmente interessante por causa da já mencionada estrutura familiar que lhe é inerente. A família de oito pessoas é constituída pelo pai (yang), a mãe (yin), três filhos e três filhas. Todos os membros dessa família cósmica e seu relacionamento entre si são descritos com precisão em seus sessenta e quatro hexagramas. O hexagrama 44, por exemplo, descreve o relacionamento entre o pai e a filha mais velha, incluindo todos os aspectos acessórios no plano do indivíduo, da família, do reino e do cosmos. Acrescentam-se ainda conselhos e sábios conhecimentos gerais a respeito dessa situação, símbolos míticos, depoimentos multífaces e presságios misteriosos.

Cada hexagrama é composto por seis linhas, cada qual descontínua — (yin) ou inteira ——— (yang). O hexagrama 46, por exemplo, tem a seguinte configuração:

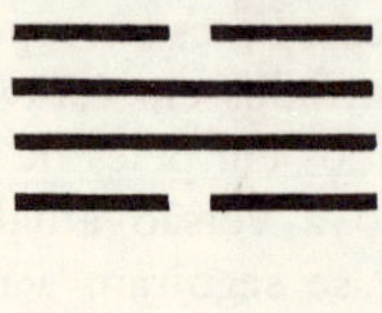

As três linhas superiores e as três inferiores formam trigramas, que, nesse caso, representam a mãe e a filha mais velha.

Aquele que deseja consultar o *Livro das mutações* em busca de conselho utiliza cinqüenta varetas ou três moedas para averiguar o hexagrama correspondente àquele momento. A pessoa recolhe-se a um lugar tranqüilo e se concentra alguns minutos na pergunta que deseja ver respondida. Quando se aborda o livro com o enfoque correto, obtém-se, quase sem exceção, uma resposta significativa. O mesmo se pode afirmar naturalmente a respeito dos horóscopos e dos presságios do tarô.

O *Livro das mutações,* porém, é construído de modo tão hábil e abrangente que produz uma mistura mais rica de interligações de pensamentos, concretizando pressentimentos que jaziam latentes no leitor. O espírito do consulente reconhece as próprias respostas no hexagrama; ele projeta sua verdadeira polaridade no livro. Encontra, em cada página, experiências humanas fundamentais, como amor e ódio, amizade e inimizade, vitória e derrota, revestidos de uma riqueza de símbolos, arquétipos e figuras míticas. O leitor relaciona os elementos dessa constelação de modo totalmente automático com o seu problema atual e com as possíveis respostas.

O livro se delineia através de sua faculdade de liberar temporariamente o consciente do leitor de suas perspectivas estreitas, servindo de mediador para uma experiência de dilatação da consciência, muitas vezes trazendo consigo vislumbres incríveis. É provável que esta seja a razão pela qual os intelectuais ou aqueles que se interessam pela arte encontrem nele mais clareza do que nos outros. Por um lado, enredam-se com maior freqüência em construções mentais unilaterais e, por outro, divertem-se mais ocupando-se com os enigmas espirituais, em busca de novas perspectivas.

O *Livro das mutações* pode ajudar-nos a descobrir perspectivas e a explorar possibilidades muito promissoras no futuro. Ele desperta certas capacidades desconhecidas e esclarece aqueles aspectos da realidade que o consciente só entende parcialmente. O livro pode nos fornecer uma noção do futuro (e do passado) mais próxima da realidade e, desse modo, servir como oráculo ou livro de presságios. O que, em última instância, desvela não é nem o futuro nem o passado, e sim a nossa condição espiritual presente.

Quando o meu hexagrama diz, por exemplo, que haverá boa fortuna se eu seguir o conselho do príncipe sábio, isso não é tanto um oráculo, mas muito mais uma observação sensata. Do mesmo modo pode-se inferir outras frases, como: "Não há planície que não termine em colina. Não há paz que não termine em agitação. Quando, no entanto, agimos de modo acertado, conscientes do desenvolvimento, não cometemos erros".

O livro pode ajudar-nos, sem dúvida, a viver em sintonia com o nosso espírito (yin) desconhecido. Por outro lado, não deveríamos nos esquecer que o livro deixa de lado (assim como faz o inconsciente) certos aspectos da realidade que a nossa consciência reconhece sem dificuldade. Só poderemos ter uma visão útil ou prática da vida se a nossa razão e a nossa intuição trabalharem juntas, em harmonia. Aquele que se deixar induzir pelo *Livro das mutações* (ou por outro oráculo) a confiar demasiadamente em pressentimentos indefinidos, mais cedo ou mais tarde perderá o contato com o mundo real, tornando difícil a própria vida e a dos outros. As respostas mais úteis do *I ching* são obtidas quando ele só é usado em certas ocasiões para se encontrar respostas a perguntas prementes a que o intelecto, por si só, não pode responder .O livro só foi utilizado na China nesse sentido, e para isso é que o texto foi composto.

Além disso, nos dias de hoje o livro é lido com grande interesse por nossos físicos, como Fritjof Capra diz em seu livro *Das kosmiche Reigen* (A roda cósmica)[29]. A noção de que tudo se move e é submetido à incessante mutação corresponde naturalmente ao reconhecimento da física atômica. Mais ainda, o conceito da polaridade subjacente ao *I ching* tem uma função central na física. A matéria tem, por exemplo, dois aspectos: pode ser vista como vibração ou como estrutura atômica. A predominância de um aspecto ou do outro depende da situação. A luz pode tomar a forma quântica (de fótons) ou pode aparecer como campo de força oscilante. Os elétrons podem permanecer em repouso como partículas ou mover-se em ondas. Capra estabelece uma série de paralelos até mesmo entre a teoria da relatividade e o conceito yin/yang.

O físico Werner Heisenberg, que ganhou o prêmio Nobel pelo seu trabalho na área da pesquisa atômica, certa vez disse o seguinte: "Após cada experiência nos víamos como diante de um espelho, pois os resultados surgiam das perguntas que formulávamos". Outros pensadores enfatizaram que conhecemos apenas a impressão que temos das coisas, porém nunca as coisas em si. Havelock Ellis afirmou, em *The dance of life* (A dança da vida), que o mundo que vemos é um sistema de impressões, um símbolo com a ajuda do qual nos orientamos. A tarefa da ciência é tornar o símbolo tão útil quanto possível. Porém, em última instância, o nosso mundo permanece um símbolo que utilizamos por motivos práticos e que serve a uma outra meta. Todo raciocínio é apenas uma comparação... Cada um vive no próprio universo e constrói as suas próprias idéias, e também estas se transformam continuamente...[30]

Esses pensamentos encontram-se em todas as partes na literatura chinesa, em grande medida influenciados pelo *Livro das mutações*. E, no entanto, no Ocidente ainda nos aferramos firmemente a uma noção rígida do mundo, e como conseqüência cada um acredita ser o dono da "verdade eterna" ou ter razão absoluta. Aquele que pensa desse modo em geral acredita que não vale a pena escutar as opiniões dos outros, nem levar em consideração os seus direitos. As pessoas espiritualmente inflexíveis também não têm interesse em adaptar as próprias impressões continuamente à realidade, na busca de novas idéias.

8. A escalada do patriarcado

De um extremo ao outro

Quando os esquimós ouvem a palavra "comida", pensam em peixe e em carne de foca. Quando um habitante da África central ouve a mesma palavra, provavelmente pensa em bananas. Diferenças semelhantes ocorrem quando várias pessoas ouvem a palavra "religião". No Extremo Oriente, ela faz com que o pensamento se volte para a harmonia dos opostos na natureza, ou para o yin e yang, enquanto no Ocidente imagina-se o deus-pai olhando para nós lá do alto.

Contudo, ultimamente os nossos conceitos sobre religião e sociedade se ampliaram devido às pesquisas em diversos âmbitos. Começamos a interpretar a nossa história com um enfoque mais aberto e com menos preconceitos. Desde que Morgan e Bachofen difundiram suas descobertas, há cem anos, já se havia tornado claro para nós que a mãe desempenhara um papel relativamente importante em várias sociedades antigas. Mas essa imagem foi completada em épocas recentes por provas ulteriores concretas e emocionantes. Uma escultora americana interessada no papel da mulher em diversas sociedades, por exemplo, descobriu vários detalhes surpreendentes em inúmeros documentos antigos. Em seu livro *When God was a woman* (Quando Deus era mulher), Merlin Stone relata como passou anos perseguindo os vestígios de antigas religiões maternais e matriarcados, em notas e rolos empoeirados [31]. Encontrou provas mais do que suficientes para justificar o título do livro acima citado. Comprovou-se o fato de que a maioria das culturas da Idade da Pedra eram pacíficas e matriarcais, como era próprio à sua natureza, e que foram passo a passo substituídas por "culturas de luta a machado" como a nossa, há alguns milênios. Se, no entanto, as antigas culturas atingiram um equilíbrio ideal entre pai e mãe no sentido do conceito ying/yang chinês, esta é uma outra questão. Algumas dessas culturas eram relativamente ricas, culturalmente evoluídas e altamente desenvolvidas. Talvez tivessem conferido muito pouco valor à defesa, tendo-se tornado incapazes de enfrentar as tribos famintas de conquistadores. Este parece ter sido, por exemplo, o caso da Ásia Menor, onde os israelitas famintos destruíram as ricas culturas da Terra Prometida ao ocupar o país. Esse episódio é apresentado no Velho Testamento do ponto de vista dos vencedores, que não pronunciam nenhuma palavra em louvor dos vencidos.

Esses relatórios sugerem que as culturas matriarcais enfatizavam em demasia os valores femininos (yin), perdendo assim sua faculdade de lidar com as emergências e com as realidades da vida. Mais cedo ou mais tarde, acabavam sendo sitiadas ou conquistadas por civilizações patriarcais agressivas (yang). À medida que a terra fértil foi se tornando mais escassa no decorrer dos séculos e a população foi aumentando, havia cada vez mais conflitos armados. Os perdedores eram então subjugados e aniquilados. Os patriarcados denotavam vantagens naturais nesse processo, já que estavam equipados pela sua religião yang para enfrentar guerras e dificuldades, enquanto os matriarcados tendiam mais para os prazeres da vida e à paz.

Esse desenvolvimento pode parecer desumano. Porém, ao mesmo tempo, não podemos deixar de reconhecer que nós mesmos somos o produto desse processo evolutivo e que temos características guerreiras latentes.

Hoje nos parece que no decorrer dos últimos milênios a cultura ocidental teve um desdobramento que foi de um extremo ao outro, do antigo matriarcado ao patriarcado atual. Ao nos apropriarmos desse conhecimento, podemos começar a encontrar um novo equilíbrio. No próximo segmento nos ocuparemos mais de perto da evolução do patriarcado.

Também em épocas pré-históricas os homens não nutriam dúvidas de que só as mulheres podiam ter filhos. O papel do homem na procriação não era tão evidente. As crianças sempre souberam quem era a sua mãe, porém muitas vezes podiam apenas imaginar a identidade do pai. A fidelidade conjugal não era levada muito a sério naquela época, e os parceiros eram trocados com freqüência. Devido a isso a mãe era o centro da família, e a fonte da vida era entendida normalmente como uma força feminina. Em conseqüência disso, julgava-se que a humanidade tivesse origens do mesmo tipo, na "grande mãe". Mas seria enganoso designar essas comunidades primitivas como matriarcados nos quais a mãe governava com violência. A influência materna se fazia sentir num plano sutil e sentimental, e as tribos mantinham-se unidas através do sentimento de fazerem parte de um clã e da consangüinidade. Essa estrutura social era denominada "matrilinear", isto é, os bens e privilégios passavam habitualmente de mãe para filha.

Encontram-se esculturas de deusas pré-históricas em todas as partes da Europa e da Ásia. A deusa principal na Suméria era conhecida como Nana, no Egito como Ísis, na Babilônia como Itar, na Índia tinha diversos nomes, assim com Devi, Kali, Shakti, etc., e na Cananéia bíblica era Astartéia. A maioria dos templos eram administrados por sacerdotisas, e vários rituais giravam em torno da fertilidade. Algumas sociedades matrilineares sobreviveram até a Idade do Bronze e são mencionadas em livros como a Bíblia.

Determinadas tradições matrilineares foram ainda exercidas após o poder já ter sido assumido pelo patriarcado. Eram então consideradas pela cultura dominante como cultos pagãos, superstições, ritos ocultos ou cultos ao Diabo. As imagens de Vênus eram chamadas de "ídolos" ou "símbolos da fertilidade". Os adeptos das religiões matriarcais eram conhecidos como "pagãos" e as secerdotisas, chamadas de "prostitutas dos templos".

As novas sociedades com orientação masculina surgiram a princípio por volta do século III a. C., e geralmente vinham das regiões do norte. Eram de raça indo-européia e

A deusa-mãe pré-histórica de 20 000 a.C.

caracterizavam-se pela violência e pela avidez de poder. Os homens eram geralmente enterrados com suas armas; daí os arqueólogos falarem de "culturas de luta a machado". Estes foram os antecessores da raça branca, mais tarde conhecidos como celtas, eslavos, arianos e hebreus. Os primeiros hebreus eram descritos nas escrituras antigas como pessoas de olhos azuis e pele clara. Deles originou-se logo a camada superior do povo judeu, o clã dos levitas. Em sua maioria, o povo era de origem semita.

Moisés era levita, como quase todos os dirigentes israelitas que o sucederam. O Velho Testamento foi escrito por levitas e por eles utilizado como instrumento de soberania e de instrução. No terceiro livro de Moisés, denominado Levítico (do latim *leviticus),* consta de modo inequívoco que os levitas só podiam casar-se entre si, para manter a pureza do sangue. Só os levitas podiam se tornar sacerdotes de Jeová e aceitar as dádivas do povo. Jeová ordenava aos judeus a adoção de um décimo de sua renda aos sacerdotes do tabernáculo — na forma de gado, grãos, pão, frutas, vinho, etc.

Vários trechos do Velho Testamento mencionam os "maus costumes" dos cananeus pagãos, adoradores do terrível deus Ashtoret. Em realidade, tratava-se da deusa Astartéia. Por isso ordenou-se o extermínio dos pagãos em nome de Jeová. Segundo a Bíblia, a Cananéia (atual Israel) era reservada por Jeová para o povo escolhido, o judeu, e a Bíblia descreve uma série de conquistas sangrentas. "O senhor nosso deus entregou o rei Sihon às nossas mãos; nós o matamos e a seus filhos, e a todo o seu povo. Conquistamos então todas as suas cidades e matamos todos os seus moradores, homens, mulheres e crianças; não deixamos nenhum sobrevivente. . . Degolamos todos os habitantes de Bashan e não deixamos nenhum sobrevivente. . . Ao todo, tomamos sessenta cidades. . . Desse modo levamos todos os homens, mulheres e crianças dessa cidade à morte" (Quinto livro de Moisés, capítulos 2 e 3).

Em outros textos do Velho Testamento vemos por que os judeus perseguiam os pagãos de modo tão fanático e histérico. Vários dentre eles temiam não poder resistir às tentações das culturas estrangeiras, que eram sensuais e sedutoras, e alguns judeus rezavam às deusas às escondidas. Até o rei Salomão sentia-se atraído pela deusa Astartéia. Isso esclarece por que o "Canto elevado" a ele atribuído foi o único trecho da Bíblia que canta louvores às mulheres e ao erotismo. O resto da Bíblia sempre sublinha a mesma mensagem: os ímpetos sensuais devem ser reprimidos, o instinto sexual é pecaminoso, as mulheres constituem as raízes de todos os males, Jeová proíbe a adoração de deusas, todos os pagãos que veneram ou cultuam as deusas devem ser eliminados.

Os êxitos dos antigos patriarcados justificam-se por essa colocação. Centenas de conquistas como essa aconteceram na Antigüidade e há muito foram esquecidas. Só algumas poucas foram assinaladas, e o exemplo dos levitas é mencionado aqui porque a Bíblia desempenha um papel importante em nossa cultura.

A Inquisição

No decorrer da história, empreendeu-se uma quantidade suspeitamente alta de guerras e perseguições em nome de Jeová. Quando as pessoas têm sentimentos de culpa e são tolhidas por um sistema religioso, também têm uma tendência maior a projetar a sua agressividade reprimida sobre inimigos e bodes expiatórios. A Igreja cristã é responsável por uma série de atos abomináveis cometidos durante a Idade Média, jamais igualados, nem antes nem depois do nascimento de Cristo. A denominada Inquisição foi cuidadosamente conduzida de Roma pelos papas e executada pelas igrejas de cada região.

Estima-se que entre os séculos XIV e XVII, de dois a cinco milhões de pessoas foram torturadas até a morte, enforcadas ou queimadas vivas pela Igreja. Se partirmos do pressuposto de que a Inquisição durou trezentos anos e de que três milhões de pessoas sucumbiram sacrificadas, teremos uma média de dez mil vítimas por ano. Em algumas aldeias a população foi literalmente dizimada. Até na América os puritanos queimaram bruxas nas fogueiras e torturaram milhares de "pecadores", apesar de eles mesmos terem sido expulsos da Europa por causa de sua religião.

O enforcamento das bruxas na Inglaterra — século XVI.

A Inquisição foi um grande negócio, pois os parentes das vítimas eram obrigados a pagar as despesas do seu julgamento, sua tortura e execução. É relevante o fato de que quase todas as vítimas pertenciam ao sexo feminino, enquanto os juízes, padres, carrascos, bispos e papas eram todos homens. As "bruxas" eram mulheres de todas as idades, às vezes até meninas. Comissões de investigações especiais anotavam as acusações dos cidadãos e levavam as caixas postais às portas das igrejas; qualquer pessoa que quisesse se livrar de um vizinho ou rival odiado precisava apenas escrever seu nome com a devida acusação num pedaço de papel e colocá-la na caixa postal. Pessoas suspeitas da mais leve falta eram arrastadas à câmara de tortura e obrigadas a confessar a sua aliança com o Demônio. Quem chegava à câmara de tortura podia contar que só sairia de lá aleijado ou morto.

Quando uma feiticeira confessava o seu delito, era evidentemente culpada. Quando se calava, era o Diabo que lhe conferia forças para resistir, e sua boca era violentamente dilacerada com certos instrumentos. Se gritasse, considerava-se isso como uma manobra para enganar. Se ela não gritasse, isso era considerado uma prova de sua obstinação. Se ela sucumbisse sob tortura, isso significava que o Demônio fora expulso. Se ela se afogasse na prova da água, era inocente, porém se não se afogasse era culpada, pois a água pura não a havia aceito. Todos esses detalhes constavam das instruções oficiais da Igreja no *Malleus maleficarum,* o "Martelo das bruxas". Se uma bruxa confessava a sua culpa, era misericordiosamente liberada de suas penas por estrangulamento ou por decapitação. De outro modo, continuava a ser submetida a ferros em brasa, seus seios eram abertos com instrumentos especiais tipo "aranhas", suas mãos eram cortadas até que, finalmente, elas eram queimadas vivas nas fogueiras.

Procedia-se à tortura em si em várias etapas, desde o uso de parafusos para os polegares até a distensão pela roda do corpo inteiro. Alguns dos pecadores eram lançados de construções elevadas até que a maioria dos ossos se destroçassem, ou então esses eram quebrados um a um. As feiticeiras tinham que montar no "burro espanhol" ou na "cadeira de virgem", e depois eram regadas com enxofre escaldante ou com óleo fervente.

Os servos torturadores faziam anotações sobre os seus progressos a cada nova vítima. Um protocolo do ano 1672 dizia o seguinte: "...utilização de botas espanholas. Primeiro o parafuso da direita ajustado, depois o esquerdo. Ela grita: 'Querido Jesus, ajuda-me, nada tenho a confessar mesmo se me torturarem até a morte'. Os parafusos continuam a ser apertados. Ela diz que não é uma bruxa. O parafuso da direita é torcido. Ela grita bem alto: 'Querida mãe, vem e me salva, ó Jesus, ajuda-me'. Assim continua a tortura, e os parafusos são torcidos mais dezesseis vezes, até que seu corpo fica rijo. Então a sua boca é dilacerada para que possa confessar a sua culpa. Porém ela só urra como um cachorro". Quando amigos ou parentes das vítimas escreviam aos juízes para declarar a inocência dos réus, tornavam-se suspeitos. As bruxas eram forçadas a fazer as mais estranhas confissões durante os processos; diziam, por exemplo, ter comido crianças ou cadáveres, voado em vassouras ou "tirado leite do cabo de uma faca". Confessavam ainda ter matado pessoas com seu mau-olhado ou ter tido relações sexuais com o Demônio[32].

A circuncisão

O costume da circuncisão dos meninos pequenos está intimamente associado ao patriarcado bíblico. A circuncisão quase só é praticada nos círculos culturais fundamentados no Velho Testamento: por cristãos, judeus e maometanos. Além destes, apenas algumas tribos atrasadas dos mares do sul conhecem esse hábito, assim como em algumas regiões da África negra se pratica a clitoridectomia (a remoção do clitóris das meninas). Segundo a Bíblia, Abraão ordenou, aos noventa anos, que todos os judeus fossem circuncidados: "todo homem cujo prepúcio não for cortado será expulso do povo judeu, pois não cumpriu a minha ordem".

O que se propõe com esta operação? Segundo o que foi transmitido, por seu intermédio atinge-se uma espécie de purificação — a palavra árabe para circunscrição *(Tuhur)* também significa "pureza". Hoje em dia, este termo é freqüentemente interpretado no sentido de higiene, porém a operação visa primordialmente uma purificação no nível simbólico: o pênis deve perder a sua pecaminosa sensibilidade sensual e o espírito deve ser liberado das tentações dos sentidos. Aqui encontramos o conhecido enfoque da religião patriarcal, que se volta contra tudo o que se refira ao erotismo ou às mulheres. Assim como os israelitas, sob as ordens de Jeová, deviam aniquilar todos os aspectos da odiada religião matriarcal, também deviam cortar o pedaço do pênis que proporciona a maior sensação de gozo sexual, na ligação do homem com a mulher. O ato sexual deve ser um ato mecânico de dever, a serviço de Jeová, e não deve degenerar em prazer.

Atualmente essa cirurgia é realizada como rotina na América, e é paga sem objeções pelas instituições de seguro médico. Entretanto, a associação americana dos pediatras pronunciou-se veementemente contra a circuncisão, por considerá-la desnecessária e perigosa. Não é raro que, no decorrer dessa cirurgia, ocorram complicações e mutilações, resultando por vezes até em morte.

Sigmund Freud, que também havia sido operado, poupou seus filhos disso. Através de seu trabalho psicanalítico, ele chegou à conclusão de que essa operação deixa profundas cicatrizes anímicas nos homens, aumentando a probabilidade de impotência. Mais tarde, em sua vida, eles nutrem inconscientemente a sensação de que foram prejudicados em sua sexualidade e sentem-se sentimentalmente ligados à hierarquia masculina e ao pai. Os circuncidados são menos sensíveis durante o ato sexual, já que o *frenulum* (correspondente ao clitóris feminino) é eliminado junto com o prepúcio. Podem parecer mais duros e másculos neste sentido, porém, para eles, o ato é muito mais um procedimento mecânico do que uma experiência abrangente de união.

Apesar de todos os argumentos contrários, noventa por cento dos recém-nascidos do sexo masculino nos Estados Unidos ainda hoje são submetidos a esse processo. Em Israel e nos países árabes e maometanos, a percentagem é de quase cem por cento. A sexta parte, em média, da população masculina mundial da atualidade foi circuncidada.

A cirurgia é narrada muitas vezes como uma rotina inofensiva. Os médicos sabem, no entanto, como é cruel e repulsivo esse tormento infligido à criança. Geralmente a criança é presa a uma tábua especial, sem qualquer anestesia. O prepúcio é então seguro por um instrumento apropriado, e cortado. O menino grita, luta e estrebucha, desesperado, e costuma desmaiar. O processo é tão repugnante, que até estudantes de medicina ou enfermeiras muitas vezes vomitam ou perdem os sentidos. Inúmeras pequenas vítimas do contrato que Abraão fez com Jeová ficam aleijados para o resto da vida por causa dessa intervenção, algumas morrem, e outras sofrem danos psíquicos [33]. Na Turquia, a cirurgia é efetuada em meninos de seis anos com plena consciência e, a seguir, há festas familiares.

A circuncisão é principalmente praticada em países conhecidos por sua mentalidade agressiva. Na Inglaterra vitoriana e puritana era considerada uma penitência, para redimir do pecado original. Atualmente, porém, já quase não é praticada na Inglaterra nem na Europa. A tendência à sinceridade religiosa será provavelmente disseminada em breve nos demais países. Acompanha o interesse de muitas mulheres modernas pelo parto natural. Nenhuma mãe bem informada e sensata permitirá que seu filho recém-nascido seja atormentado ou mutilado — e nenhum pai bem informado e sensato se oporá à sua opinião.

Ainda que a circuncisão seja relativamente rara na Alemanha Ocidental e nos países limítrofes, examinamos minuciosamente essa prática, pois de um modo simbólico ela explica uma marca relevante da sociedade ocidental de direitos paternos.

Vantagens e desvantagens do patriarcado

O sistema patriarcal tem sem dúvida os seus lados fortes devido aos quais se tornou tão poderoso nos últimos séculos. A fé num único Deus bem-delineado é evidentemente mais simples e confortável do que a noção de uma ordem cósmica multifacetada ou indefinida, com diversas divindades. Além disso, podemos confiar num Deus homem quanto às decisões claras e racionais. Eram emergências e em épocas de guerra, é muitas vezes melhor seguir um Deus todo-poderoso e um guia autoritário. Nesses momentos, geralmente não há tempo para longos conselhos ou raciocínios. Além disso, o patriarcado está mais propenso a experimentar novos métodos e a concretizar conquistas.

Talvez possamos concluir, ao observarmos o desenvolvimento histórico até a atualidade, que o patriarcado e o monoteísmo eram superiores à maioria dos antigos sistemas. Nossos primeiros antecessores devem ter percebido o patriarcado como uma grande descoberta e como uma bênção, pois solucionava de uma só vez muitos de seus problemas. Várias dúvidas desapareceram por causa da fé incondicional num só Deus, e as pessoas foram poupadas de tomar decisões importantes pela Bíblia e pela Igreja. Houve menos conflitos abertos em família, pois era o homem que tinha a palavra. O país era regido sem protestos por um rei cujas origens provinham em geral de um Deus ou de uma alta hierarquia. Oficialmente não havia dúvidas religiosas. Aquele que, mesmo assim, as exprimia, era rejeitado ou queimado.

Só depois de muitos anos começou-se a perceber que essa solução patente em realidade não era uma verdadeira solução.

Parece ter havido pouca oposição ao sistema, a não ser por alguns "hereges": quase ninguém correu em auxílio dos milhares de "feiticeiras" torturadas até a morte. Talvez o contato com o Extremo Oriente nos últimos séculos tenha nos ajudado a reconhecer a unilateralidade de nossas concepções de mundo. Aos poucos está se tornando claro que os nossos modelos de pensamento repousam em simplificações grosseiras e que necessitamos redescobrir a outra metade da vida, reprimida pelo patriarcado. Nos últimos sessenta anos foi realizada uma gigantesca tentativa de eliminar o patriarcado e de abolir o monoteísmo. E, no entanto, quase não se pode considerar o resultado como um sucesso.

Modelo de cerâmica indígena.

Há pouco "descobriu-se" nos Estados Unidos uma raça indígena que vive segundo parâmetros matriarcais. Os peles-vermelhas, até então desprezados por muitos americanos, passaram de súbito a ser estudados com grande interesse por vários intelectuais americanos. Trata-se dos índios hopis, do Arizona (*hopi* significa "paz"). Nas aldeias hopis o "deus pai no céu" e a "deusa mãe do milho" são igualmente venerados. A maioria das crianças sente-se mais ligada à mãe do que ao pai, e os bens particulares são legados de mãe para filha, ainda que toda a terra pertença à comunidade. O pai também exerce funções importantes na caça, na guerra e nas cerimônias religiosas. Contudo, ele não é o eixo central da família, e os valores masculinos não são mais valorizados do que os femininos. Como o nome já diz, os hopis são muito pacíficos. Vivem uma vida tranqüila e não ligam muito para o progresso. Sua vida é simples; alimentam-se principalmente do próprio milho que cultivam. Seu estilo de vida está ameaçado pela civilização moderna que os rodeia, e sua cultura cuidadosamente equilibrada talvez já não se mantenha por muito tempo.

Quando se visita a aldeia hopi Second Mesa, a princípio não se é bem visto como homem branco. Porém, quem conseguir fazer amizade com os índios terá um vislumbre de épocas remotas. O contraste com a civilização americana agitada torna-se cada vez mais perceptível com o passar dos dias. Nota-se que nós mesmos somos o resultado da uma cultura monoteísta de vários séculos atrás. Pensamos poder talvez simplesmente livrar-nos dessa influência, porém esta impregna inconscientemente vários dos nossos hábitos de pensamento e de vida. Através do contato com esses indígenas, pode-se ter uma noção aproximada de como os nossos antepassados devem ter vivido num passado remoto. Pode-se descrever a diferença entre aquela época e a atual deste modo:

Patriarcado	**Comunidades antigas**
Controle central, disciplina e hierarquia sob o comando de homens idosos.	Preponderância de associações familiares e tribais, sob influência de pais e mães.
Espera-se o cumprimento do dever, obediência e auto-sacrifício. Ênfase na propriedade e na influência, enfoque orientado ao meio ambiente e à conquista.	Relacionamentos baseados preferivelmente em simpatias e antipatias. A própria terra e as tradições são cultivadas. Dá-se muito valor à harmonia interior e exterior.
A natureza é gradualmente saqueada e subjugada agressivamente.	Visa-se a paz e o bem-estar através da harmonia com a natureza e suas leis.
A história resume-se numa série de guerras e de façanhas heróicas.	A história é vista como um desdobrar da raça, em sintonia com as realidades cósmicas.
As características masculinas tornam-se a norma desejada: espera-se da mulher uma atitude racional e decidida. Todos competem entre si.	As características masculinas e femininas são igualmente valorizadas. As pessoas podem ser duras mas são também suaves, e confiam tanto na razão como na intuição.
As mulheres reprimem suas particularidades femininas, imitando os "senhores da criação".	As mulheres consideram-se com valor igual ao dos homens, porém também aceitam como válidas as características masculinas.
Os problemas da comunidade são combatidos por leis e castigos.	Os conflitos são amplamente evitados por uma vida comum harmoniosa. Dá-se aos criminosos a oportunidade de se redimirem.

Os hopis muitas vezes se surpreendem com estranhas concepções do homem branco. Seu mundo não foi criado por um deus-pai autogovernante. O primeiro indígena não foi concebido por uma mulher astuciosa atraída pelo ato sexual pecaminoso. Suas mulheres não são submissas aos homens. Os hopis tampouco têm a sensação de carregar o fardo de um pecado original por terem se originado de um ato sexual pecaminoso. Suas vidas não são uma contínua luta para obter influência, dinheiro ou propriedades. Cada família de Second Mesa possui uma casa simples construída por eles mesmos, e os campos pertencem à comunidade. Naturalmente também há problemas entre os hopis, porém a problemática patriarcal complexa lhes é quase desconhecida.

9. Formas de convivência

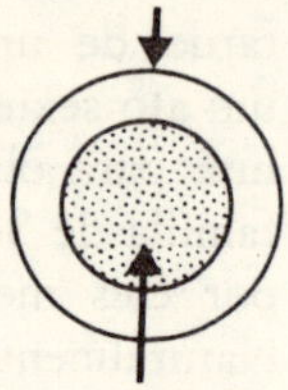

As funções interiores e exteriores

Pode-se afirmar que cada ser vivo tem um invólucro exterior e um núcleo interior. Isso também diz respeito aos organismos sociais, como a família, as tribos, os povos e as empresas. Alguns membros exercem preponderantemente as funções "exteriores", enquanto outros se decidem às "interiores". Entre as funções exteriores se incluem o contato com o ambiente e a defesa contra influências inimigas. As funções interiores dizem respeito aos processos orgânicos e econômicos, à produção e à reprodução. Um soldado ou político têm, assim, uma função predominantemente exterior, enquanto uma mãe ou um médico cuidam mais dos processos interiores.

Esses dois elementos da sociedade podem trabalhar em conjunto de diversas maneiras, ou podem também encarar-se como inimigos. No plano individual, dá-se uma relação semelhante entre o consciente e o inconsciente, entre a compreensão e os sentidos, a cabeça e o coração, o "eu" e o ego, as funções espirituais e físicas. O paralelo vai tão longe, que se pode distinguir entre uma estrutura de caráter democrático e uma de caráter autoritário ao se descrever a relação entre o homem "exterior" e o "interior". Portanto, o que for dito neste capítulo sobre a estrutura social também estará se referindo indiretamente à estrutura psicológica do indivíduo, e vice-versa. Quando, por exemplo, Freud descreve o inconsciente como uma lixeira cheia de impulsos caóticos (ver capítulo 6), pode-se tirar conclusões sobre a sua própria estrutura de caráter, como também sobre o seu enfoque da sociedade.

Na convivência humana, esses papéis exteriores e interiores são habitualmente divididos entre a mãe e o pai, o civil e o soldado, o cidadão e a polícia, os funcionários e a administração, a oposição e o governo, etc. Ambos os papéis são igualmente importantes, completam-se e necessitam um do outro. Os que preenchem funções exteriores (yang) dirigem a sua atenção mais ao seu meio e à estrutura externa, enquanto os que executam funções interiores (yin) voltamse mais aos assuntos internos, e a atmosfera emotiva desempenha o principal papel.

O ideal seria que ambos os elementos confiassem um no outro, ajudando-se mutuamente. A polícia recebe, por exemplo, um salário dos cidadãos e lhes dá em troca sua proteção. O administrador de uma empresa organiza o processo de trabalho e a estratégia de venda, recebendo por isso a sua parte do produto da venda ou dos bens produzidos pelos operários. Os cidadãos votam num político, oferecendo-lhe prestígio e um salário elevado, porém esperam como recompensa que os seus interesses sejam defendidos com sucesso.

Qualquer modificação interior ou exterior, entretanto, pode perturbar o equilíbrio entre os dois elementos. Em caso de conflito, os parceiros se desentendem e se maltratam, de um modo ou de outro. Aqueles que desempenham cargos exteriores olham com desprezo para os seus opositores "caóticos, astutos e insensatos", ao passo que os detentores de cargos interiores tentam anular os "frios e rígidos" planos de seus adversários através de uma oposição ativa ou passiva.

Os que exercem funções exteriores...

...ocupam-se mais com as estruturas externas das coisas, estão mais ligados espiritual e/ou fisicamente aos problemas e às possibilidades do meio ambiente. Daí serem em geral mais conscientes, decididos, racionais, agressivos, ambiciosos, impacientes e inquietos. Devem sempre estar atentos às mudanças inesperadas do meio que os cerca, ou antecipá-las. Funcionam como guardiães ou protetores da comunidade, e cuidam para que haja um contexto dotado de um sentido dentro do qual as pessoas que exercem funções interiores possam cumprir as suas tarefas. Ao mesmo tempo, dependem do apoio material e físico que vem de dentro. Em caso de conflito, ambas as partes sofrem.

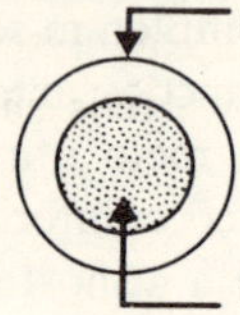

Os que exercem funções interiores...

...preocupam-se primordialmente com a manutenção da vida no plano biológico e econômico. Estas funções são tão complicadas, que só podem se desenvolver com relativa lentidão num ambiente propício e seguro, segundo um modelo comprovado. Por isso, aqueles que desempenham funções tendem a proceder com paciência e reflexão e, para preservar a paz, evitam as novidades. Sentem-se melhor no círculo familiar ou entre bons amigos. Não têm impulsos agressivos nem são inflexíveis, e por isso gostam de confiar na proteção dos que exercem funções exteriores. Em caso de conflitos ambos os lados sofrem.

Camada superior e inferior

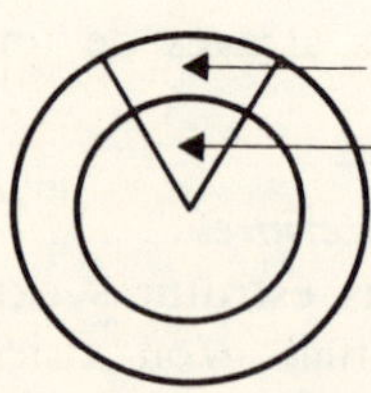

Tendemos a designar a função exterior como "elevada" e a interior como "subalterna". Isso está associado com a presunção de que o elevado é sempre melhor do que o que está embaixo (ver capítulo 6). O principal motivo é que o nosso consciente é dotado de características yang, e a nossa imagem de mundo é com freqüência unilateral, pendendo para o lado dos valores yang.

Assim como acreditamos que o nosso consciente é melhor do que o inconsciente, ou que o céu é melhor que a terra, também deduzimos que a camada superior da sociedade é melhor do que a de baixo. Isso leva à conclusão "lógica" de que, por exemplo, os pais são melhores que as mães, os soldados mais importantes que os civis, e de que os policiais têm mais direitos que os cidadãos, etc.

As posições de destaque implicam, sem dúvida, muito respeito e benefício. Mas vale realmente a pena esforçar-se tanto em alcançá-las? Será que a maioria das pessoas se sentiria feliz no papel do presidente dos Estados Unidos, por exemplo? Logo descobririam que peso esse homem tem de carregar dia e noite em sua alma. Está continuamente sob pressão, é obrigado a tomar decisões de importância vital, agüentar críticas de amigos e inimigos, fazer discursos e assistir a reuniões secretas. Ele tem de acostumar-se ao fato de que, nessa posição elevada e poderosa, já não tem mais amigos. Tem de contar sempre com a possibilidade de intrigas, derrotas, deve passar por vergonhas e está sujeito até a ser assassinado.

Por outro lado, um pequeno artesão não será mencionado nas manchetes dos jornais, e sua renda continuará modesta. Sempre terá, contudo, o suficiente para ele e para sua família e poderá até fazer algumas economias. Terá tempo para a sua família, para os seus amigos e para o seu lazer. Seu trabalho talvez não seja muito excitante, porém ele sabe que é útil. Se seus filhos desejam alcançar uma profissão mais "elevada", o caminho está aberto para eles. Se, no entanto, eles irão se sentir melhor "em cima", trata-se de uma outra questão.

Estes dois casos extremos servem para ilustrar o fato de que cada pessoa deve encontrar o caminho do meio, o que seja mais acertado, aquele que o satisfaça. A felicidade não está no alto nem embaixo, não se encontra nem fora nem dentro, porém jaz em algum lugar no meio. Muitas vezes o presidente desejará menos agitação, ao passo que o artesão desejaria mais emoções. O segredo está no equilíbrio entre a aventura e o aconchego, entre a ambição e o contentamento, entre a tensão e a distensão, entre yin e yang.

A sociedade como um todo também precisa desse equilíbrio para florescer. Precisa de pessoas que gostem do risco e do conflito. Do mesmo modo precisa daqueles que querem viver tranqüilos, em comunidade. Os que cumprem funções interiores representam o coração da sociedade, e os que cumprem funções exteriores simbolizam a cabeça da sociedade. Nenhum dos dois elementos pode ser feliz ou bem-sucedido sem a ajuda de sua contraparte.

Porém, enquanto os homens acreditarem que em tudo a camada superior é melhor que a inferior, haverá atritos, luta de classes e conflitos internos. Muitos tentarão atingir classes mais altas, reprimindo as suas características interiores (yin). Invejam os que o conseguiram e desprezam a si mesmos. Ficam neuróticos com facilidade e desenvolvem doenças psicossomáticas, como infartos cardíacos ou úlceras no estômago. Seus filhos tornam-se arrogantes e tentam comprovar uma superioridade inexistente. Toda a família logo estará tensa e desfigurada por excesso de artifício.

Ao mesmo tempo, aqueles que permaneceram "embaixo" detestam os da classe alta, considerando-os parasitas que vivem às custas do povo. Não querem ser governados por esmolas e negam-se a contribuir com seu trabalho. Essa recusa se exprime por greves e a exigência de salários mais altos. As verdadeiras raízes do conflito, porém, repousam no fato de que os da camada de baixo se sentem feridos em sua dignidade humana. Têm a sensação de ser desprezados e esquecidos pelos da classe alta, e também desprezam a si mesmos. Acreditam no conto de fadas sobre a vida isenta de problemas usufruída pelas classes altas.

Administração e funcionários

Nas empresas e organizações encontram-se as mesmas disposições de elementos interiores e exteriores mencionados nos últimos capítulos: as funções exteriores são executadas normalmente pela administração e as interiores, pelos funcionários. Ao fazer essa observação, é preciso libertarmonos fundamentalmente da noção de que os que compõem a administração são "mais importantes" ou melhores do que os operários. Trata-se, isso sim, de uma relação entre facetas intercambiantes, na qual ambos os lados precisam ser competentes para que a organização funcione.

A *administração* representa a organização diante do mundo exterior; ocupa-se da estrutura geral, trata da compra de máquinas (o capital) e de matérias-primas e vende o produto terminado.

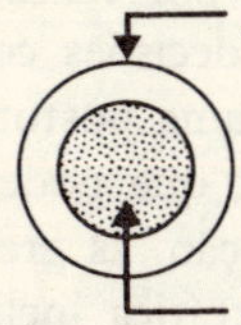

Os *funcionários* tratam dos complicados processos de produção, fazem consertos, cuidam do bom desempenho do conjunto e determinam o ambiente de trabalho e o relacionamento humano entre todos.

Essas duas funções completam-se e se entrecruzam em parte; por isso é impossível manter um intercâmbio constante de idéias. Administradores autoritários tendem a imiscuir-se em questões que seriam mais bem resolvidas pelos operários. Administradores liberais gostam de delegar ao pessoal certas funções que seriam mais bem executadas se dirigidas "do alto". Numa organização com bom funcionamento, mantêm-se abertos os canais verticais e horizontais de entendimento, para evitar atritos ou incompatibilidades desnecessários. A sobrevivência da organização depende de um equilíbrio sadio entre os métodos administrativos democráticos e autoritários, conferindo a cada um de seus membros a oportunidade de utilizar de modo pleno o seu potencial. Os funcionários devem sentir que podem discutir livremente todos os seus problemas com o seu superior, e vice-versa. O clima geral da empresa deve ser de franqueza e confiabilidade, e deve ser construtivo — de modo algum exclusivista, de desconfiança ou crítica.

Não há um estilo de comando que seja adequado a todas as situações e a todas as pessoas, e inexistem soluções patenteadas. A direção democrática de uma firma pode parecer mais cômoda, porém, em última instância, pode levar à bancarrota. Nem sempre pode haver tempo suficiente para discutir democraticamente os problemas. Talvez o quadro de funcionários também não disponha de dados suficientes para tomar as resoluções acertadas — ou pode estar motivado por objetivos egoístas, prejudiciais à organização. Além disso, há ainda as pessoas que "tiram o corpo fora", que não participam do processo democrático.

A direção autoritária pode por vezes parecer a solução ideal, pois evita discussões ou decisões conciliatórias. Após certo tempo, porém, instala-se uma postura desmotivada ou irritada no meio do operariado, que pode conduzir ao mau rendimento, à falta de colaboração, às greves e até às sabotagens [34]. A administração autocrática inclina-se, além disso, a repartir o trabalho em simples empregos de rotina, economizando os custos de especializações, a fim de poder intercambiar mais facilmente as forças de trabalho. Isso faz com que as pessoas se aborreçam, reduzindo seu interesse no trabalho, o que por sua vez precisa ser compensado pela fiscalização, pelo controle e por contínuas advertências. O apelo à consciência dos funcionários sobre o dever leva, entretanto, ao fracasso a longo prazo ou ocasiona, até, uma reação contrária.

O dirigente bem-sucedido sabe suscitar um interesse razoável por parte dos operários e, ao mesmo tempo, apela para o seu idealismo. Esses dirigentes sabem o que querem, mas também têm tempo para manter um contato com os subalternos. Visualizam o seu trabalho como um desafio e dão a seus colaboradores a oportunidade de se desenvolverem.

Por outro lado, o quadro de funcionários forma a base da organização e é responsável pela "estrutura interna". Determina os detalhes dos fracassos de produção e o ambiente da firma. Possibilita a solidariedade humana e o bem-estar individual. O ideal seria que os funcionários fossem gratos à administração pela coordenação efetiva e pelo bom rendimento da firma, contribuindo, por seu lado, nas decisões importantes.

A organização ideal está estruturada de modo a que o interesse do indivíduo seja "sinérgico" com o da comunidade, isto é, seja organizado numa colaboração harmônica em potencial. Nenhum grupo menor deve ser detentor do poder ou ter a intenção de explorar outros grupos ou o público.

Boas e más épocas

Em épocas normais, a sociedade pode prosperar quando os elementos yin e yang se complementam e apóiam reciprocamente. Porém, o que ocorre em casos de urgência e durante períodos críticos? O que deve acontecer quando, por exemplo, os dirigentes percebem um perigo vindo de fora, que ainda não é visível ao povo? Deveriam proceder a negociações defensivas ou agressivas para ganhar tempo, ou explicar os detalhes ao povo mais tarde?

Nesses casos o dever da direção é freqüentemente o de agir com rapidez no interesse de toda a comunidade, ainda que este não seja um procedimento democrático. Nessas situações, negociar com democracia implicaria perda de tempo e poderia causar a destruição da sociedade. Os capitães e oficiais de navios muitas vezes se encontram diante dessa situação. Espera-se que tomem decisões rápidas e acertadas, sem pedir consentimento prévio a terceiros.

Depois de afastado o perigo, o procedimento democrático original deve ser restabelecido normalmente. Se isso não ocorrer, as funções internas (yin), de importância vital para a sociedade, logo serão desatendidas, pois os dirigentes são, de acordo com sua própria natureza, orientados ao exterior e apresentam características predominantemente yang. Falta-lhes em grande medida a capacidade de satisfazer suas necessidades de alegria de vida, saúde, amor e reprodução. Se um ditador acredita que pode organizar esses assuntos melhor do que o povo, mais cedo ou mais tarde colocará em risco a vitalidade e a qualidade de vida de toda a sociedade. Poder-se-ia dizer que ele ganhou a guerra, mas perdeu a paz. Se é verdade que a guerra é a mãe de todas as coisas, deve-se deduzir que a paz seja a mãe de tudo. Os hábitos de raciocínio patriarcal e de religiões paternalistas favorecem as circunstâncias guerreiras, enquanto a influência materna protege a paz.

Às vezes, os ditadores tentam justificar a forma autoritária de governo argumentando que as crises são artificiais. E, no entanto, dessa forma eles esgotam lentamente as reservas interiores (yin) e a paciência da sociedade. A tarefa do povo então é negar-lhes o seu apoio, levantar protestos, sabotar ou revoltar-se, até que o governo desperte, concedendo a devida atenção às necessidades internas.

Pode-se dizer, portanto, que numa sociedade sadia existe um bom equilíbrio entre influências democráticas e autoritárias, o que garante uma sobrevivência em todas as ocasiões possíveis. A democracia pura seria vítima, mais cedo ou mais tarde, dos perigos exteriores e da indecisão interior. A mera ditadura minaria, num ou outro momento, as funções interiores vitalmente importantes da sociedade, levando à exaustão ou à revolução.

As *épocas* difíceis favorecem um estilo de comando autoritário e masculino, orientado às virtudes exteriores (yang), para que haja a aptidão de enfrentar os perigos e as crises externas.

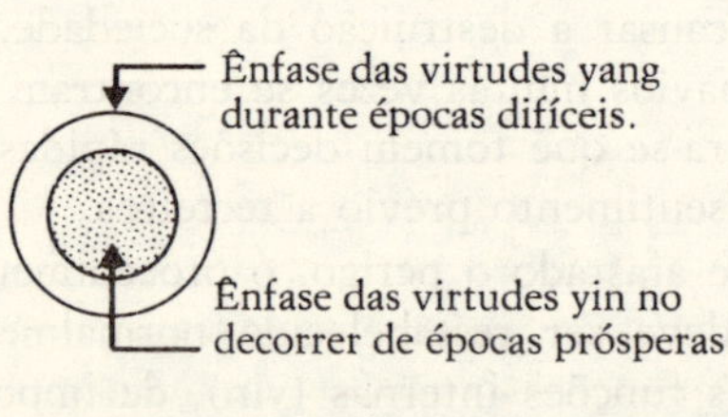

As *épocas favoráveis* favorecem o estilo de comando democrático e feminino, orientado às virtudes yin. Há uma preponderância de paz, de bem-estar e uma sensação de segurança.

Pode-se observar os exemplos do cotidiano em casa, no trabalho e na política interna ou externa. Os pais têm o dever de proteger os filhos contra certos perigos, mesmo contra a sua vontade. Os filhos, por outro lado, têm o direito de se opor aos pais autoritários e às suas ordens sem sentido. Espera-se de um homem que ele defenda a sua mulher, mesmo que ela ainda não tenha consciência do perigo que corre. A mulher, por seu lado, retirará o seu apoio ao homem quando ele for arrogante e autoritário. Cabe aos dirigentes políticos a função social de atuar com rapidez, mesmo quando o povo não teve tempo de aprovar todas as facetas da situação. Por outro lado, o povo tem o direito de exigir uma forma de governo representativo em épocas normais.

Os dirigentes que deixam as decisões críticas a cargo do povo em casos de emergência devem ser considerados como incapazes e irresponsáveis. A maior parte dos cidadãos é de opinião que o governo deve defender os seus interesses e tomar as decisões importantes. A palavra "democracia" (governo do povo) é, portanto, um pouco confusa. Poderia subentender que o próprio povo deveria exercer o comando, o que significaria que o corpo deve dirigir a cabeça. A situação ideal no sentido de yin e yang, entretanto, é a interligação em mutação entre dois elementos de igual valor, cada qual com o seu âmbito de atuação individual. Dever-se-ia forjar uma nova palavra que descrevesse a relação construtiva de intercâmbio entre o povo e o seu governo eleito de forma democrática.

Conclusão final: o povo detém uma determinada função de importância vital, e o governo tem, por seu lado, uma função própria, igualmente relevante. Nem o povo nem o governo poderão crescer se desprezarem uma ou outra função. Isso depende do equilíbrio sadio e da compreensão mútua. Se esses requisitos são preenchidos, os diversos elementos da sociedade podem se harmonizar entre si, por vezes até sem o concurso e as decisões da maioria. Uma suposta democracia pode ser, na realidade, uma oligarquia ou uma plutocracia, quando os eleitores são manipulados por grupos representantes de interesses egoístas. Assim como uma sociedade designada como menos democrática pode comprovar um equilíbrio interior correto para responder decisivamente a desafios históricos ou crises.

Segundo Toynbee, a história das culturas se desdobra em ciclos ou espirais, nos quais se podem observar as diversas fases de ascensão ou declínio das forças yang ou yin [35].
1. O processo de desenvolvimento cultural é acionado atra-

vés do movimento da população, das catástrofes naturais ou de outros desafios históricos. O núcleo dinâmico de uma cultura em ascensão forma-se a partir de pequenas minorias criativas.

2. O progresso, as metas elevadas e os grandes projetos caracterizam a segunda fase; sob o comando de grandes personalidades, chega-se a conquistas territoriais, industriais e científicas, ou de outra ordem. A princípio, o povo tem grande força vital e apóia a expansão.
3. O comando se estabelece e perde a capacidade de adaptação. O povo está exaurido, torna-se descontente e começa recusar-se a colaborar. Esses "elementos subversivos" são primeiramente reprimidos pelo governo, mas se tornam cada vez mais fortes e numerosos.
4. Os sonhos de poder mundial terminam. Na época intermediária há uma nova alegria vital, desfruta-se da boa comida, redescobre-se o amor. Porém, pouco a pouco, esse estilo de vida por demais refinado cansa. O povo começa a desejar aventuras, heróis e grandes ideais. O povo vota em dirigentes ambiciosos. E um novo ciclo recomeça, retornando-se à primeira fase.

Opressão interior e exterior

Como vimos, cada organização social consta de um elemento yin e de um elemento yang. O elemento exterior é normalmente mais visível e "elevado", formula leis e decisões, e por isso aparece como comando. Porém ele depende do apoio moral e material do elemento social menos visível, daí ser, por seu lado, por ele dirigido. Existe o mesmo efeito de interação entre os elementos yin e yang, que acontecem individualmente entre o consciente e o inconsciente. Aqueles que não reconhecem isso, vêem somente o elemento exterior e inclinam-se à repressão física e social. Não sabem que ambas as partes interdependem reciprocamente para o seu próprio bem-estar e sobrevivência.

Os dirigentes políticos incapazes acreditam, por exemplo, que precisam subjugar continuamente a oposição a fim de permanecer no poder. Acreditam conhecer todas as soluções e todas as respostas, e negam-se a ouvir as opiniões alheias. Se o povo não colabora, é chamado de subversivo e de destrutivo, e sobre ele se exerce uma pressão ainda maior.

A mentalidade repressiva existe primeiramente de modo individual, para então ser projetada na sociedade? Ou deve-se culpar a sociedade na qual as pessoas são disciplinadas e subjugadas desde crianças? Ou, porventura, serão culpados os perigos externos pelos quais a sociedade é forçada a um modo de pensar autoritário? A causa pode ser difícil de discernir em casos isolados. Todavia sabemos, de todo modo, que há uma determinada estrutura típica de caráter naqueles que vivem em sociedades repressivas. Há exceções aqui e ali: algumas pessoas oprimidas conservam até certo ponto a liberdade interior, e alguns habitantes de países "livres" caracterizam-se por sua mentalidade repressiva.

Aqueles que vivem em sociedades repressivas geralmente reprimem os seus sentimentos, não querendo reconhecer a realidade interior e a exterior. Negam-se a aceitar a verdade e rejeitam as dúvidas justificadas, reprimindo os sinais do próprio corpo. Do mesmo modo como são coagidos pelos seus dirigentes a atuar e a falar contra a sua própria convicção, também obrigam o corpo a reprimir as suas manifestações.

Temos a tendência de nos compadecermos dos oprimidos dessas sociedades e de odiar os repressores. Porém, na realidade, os dois elementos sofrem do mesmo modo sob a repressão. Ambos têm em comum o fato de se auto-reprimirem e de não saberem lidar com a realidade. Por trás da fachada gloriosa da riqueza e da fama, a classe alta vive num inferno auto-infligido. Sente-se ameaçada de todos os lados, até pelos amigos e parentes. Sofre com o peso do remorso e a mania de perseguição. Sua família dá testemunho de todos os sintomas da repressão. As crianças sentem-se, muitas vezes, oprimidas e procuram compensar a sua sensação de inferioridade detestando os mais fracos ou torturando os animais.

Cada detentor do poder não reprime apenas os socialmente mais fracos, como também o seu eu interior, sua natureza yin, seu inconsciente. Portanto, é um neurótico. E, ao mesmo tempo, é atormentado por um ímpeto autodestrutivo e por sonhos atemorizantes. O fracasso ou a catástrofe podem soterrá-lo a qualquer momento. Também pode ser eliminado, ou pelo menos afastado pelos seus concorrentes. Não pode dar-se ao luxo de demonstrar quaisquer dúvidas ou fraquezas. Sempre tem de preservar a fachada de autoconsciência. O mesmo ocorre com os repressores de mulheres, como a história bem o comprova.

Aqueles que reprimem os seus semelhantes e os próprios sentimentos geralmente temem a psicologia, já que esta revela as suas tendências anormais. Sentem-se mais seguros no círculo dos que compartilham as suas idiossincrasias, submetendo-se às normas de sua classe. Quem se opuser a essas normas será banido e condenado como elemento subversivo. Serão principalmente julgados aqueles que pensam ou atuam diferentemente no âmbito erótico. Este fato é descrito em pormenores nos livros de Max Horkheimer e de Adorno[36].

Estrutura social repressiva

A classe superior acredita que deve manter a ordem através de leis severas e de castigos. Desconfia da subversão e da oposição passiva em toda parte.

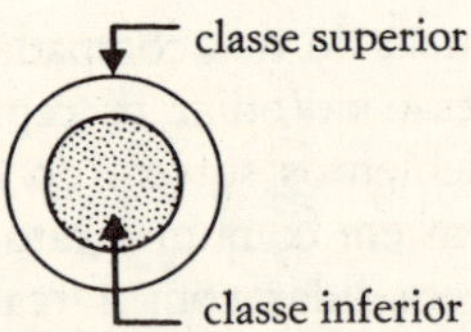

A classe inferior vive com o medo constante de sofrer um castigo arbitrário. Mostra-se ora subserviente, ora rebelde, e faz uma oposição secreta.

Estrutura de caráter repressivo

O consciente acredita que é preciso reprimir impulsos caóticos e pecaminosos e é perturbado por idéias irracionais.

O inconsciente é negligenciado e reprimido e se expressa como destrutivo e caótico, em forma de mania de perseguição e de alucinações destrutivas.

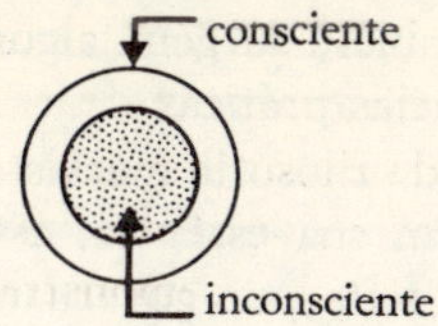

Pessoas repressoras costumam admirar o poder e os poderosos e interpretam as atuações liberais como fraqueza. Mostram-se de bom grado obedientes, respeitosas e agradecidas diante da autoridade. Canalizam o seu ódio oculto contra terceiros que não se enquadram nas normas vigentes e contra os desconhecidos. Gostariam de vê-los punidos pelas ações que proíbem a si mesmos.

Isso já começa freqüentemente na infância, quando a criança é submetida a uma severa disciplina física por pais autoritários, que a obrigam ao asseio. Mais tarde, procura liberar-se dessa pressão pela vida afora, contando piadas sujas também sobre excrementos e dizendo palavrões dessa categoria. A maior parte dessas pessoas se envergonha de exteriorizar sentimentos de carinho. Caem com facilidade num sentimentalismo barato que se transforma na realidade em brutalidade.

Falta-lhes o equilíbrio interior sadio que lhes permitiria uma postura generosa e a expressão de seus sentimentos de maneira sensata. Os conflitos interiores entre forças yin e yang que os permeiam fazem-nos quase sempre sentir-se, não como pessoas humanas, e sim como senhores ou escravos.

Teorias de direita e de esquerda

Entre as mais importantes teorias sociais, há dois extremos que devem ser discutidos aqui de modo breve, pois exercem uma grande influência sobre a nossa cultura. Aqueles cujos pensamentos políticos são de direita, gostam de fazer referência à *República* de Platão, ao passo que os de tendência esquerdista vêm no *Manifesto comunista* a sua bíblia. Ao se relacionarem esses dois ensinamentos com o conceito yin/yang chinês, surgem algumas descobertas valiosas com conseqüências práticas.

O tema central da filosofia marxista é a teoria do materialismo histórico. Em sua essência, essa teoria reza que a nossa história não é feita por governantes, heróis ou generais, porém que se desenvolve como resultado de condições econômicas e sociais. Não é por acaso que o conceito "materialismo histórico" contém o vocábulo *"mater"* (mãe). Pode-se identificar nessa teoria uma tentativa de substituição do sistema patriarcal e de religiosidade paterna por um outro, mais matriarcal. Marx e Engels estavam familiarizados com a literatura sobre os direitos maternos de Lewis Morgan e J. J. Bachofen, tendo-os mencionado várias vezes. Segundo Marx, a liberação da mulher deve ocorrer junto e de mãos dadas com a liberação do operário, já que ambos são explorados pelo sistema paternalista de direitos.

Os primeiros comunistas viveram numa época em que os senhores feudais e os donos de fábricas na Europa abusavam inescrupulosamente dos operários. Na Inglaterra principalmente, onde teve início a Revolução Industrial, as mulheres e crianças trabalhavam nas minas de carvão nas mais lamentáveis condições. Crianças de seis anos de idade eram forçadas a trabalhar em tecelagens, e muitos homens trabalhavam dezesseis horas por dia para poder prolongar uma vida de escassez. Não havia nenhuma espécie de seguro social para os idosos, os fracos ou os doentes. Alguns donos de fábricas e senhores feudais obtinham rendas fabulosas, enquanto os outros iam à falência em meio à luta impiedosa e à concorrência. O posicionamento privilegiado da camada superior era justificado pela interpretação calvinista da Bíblia, segundo a qual Deus recompensava os que faziam economia e trabalhavam, enquanto castigava com a pobreza os proletários preguiçosos e sujos. Em suas origens, a palavra "proletário" significava aqueles que têm muitos filhos. Segundo Calvino, aquele que tem mais filhos do que é capaz de alimentar não tem direito a reclamar da pobreza. Ricardo e Malthus confirmam essa linha de pensamento, esclarecendo que a classe operária se multiplicava até o limite máximo e que seu crescimento só poderia ser detido pela fome e pela miséria.

Ao redigirem o *Manifesto comunista,* Marx e seu amigo Engels foram movidos principalmente por sentimentos humanitários e pela consciência social. O próprio Engels era proprietário de uma fábrica que tirou proveito financeiro da injustiça do sistema. Por isso ele apoiava Marx e os outros idealistas. O primeiro resultado foi o *Manifesto*, um livro relativamente curto, que continha idéias dinâmicas e empolgantes e que tratava das questões da época. Apareceu em 1848, e logo se tornou um grande sucesso. Denunciava um sistema social brutal e corrupto, do qual as pessoas mais sensíveis já há anos se envergonhavam. Condenava uma religião que consolava as massas famintas prometendo-lhes uma vida melhor no além. E, mais ainda, expunha o fato de que a sociedade repressiva de classes contribuía para o aviltamento da mulher, pois essa não tinha vez na hierarquia patriarcal.

O diagnóstico era acertado em suas amplas conotações, e a obra contribuiu para alertar alguns governos sobre a sua responsabilidade, introduzindo programas sociais considerados indiscutíveis. Os reis e governos começaram lentamente a reconhecer que eram responsáveis por todos os seus súditos e não somente pela camada superior privilegiada. Enquanto antes assemelhavam-se a pais autocráticos que recompensavam os filhos de maior sucesso, agora mostravam características mais maternais, ao se preocuparem com todos os seus filhos. Marx tinha portanto razão em muitos sentidos, e sua influência produziu muita coisa boa. Mais tarde, todavia, ele levou sua doutrina a um extremo e alcançou, em parte, o contrário do que se havia proposto. Assim como todos os seus sucessores, ele não foi capaz de estabelecer um equilíbrio sadio entre as influências paternais e maternais. Partiu do patriarcado e do monoteísmo para cair no extremo oposto, o socialismo utópico, no qual ninguém governa e cada qual cumpre a sua tarefa de livre e espontânea vontade. Ele julgava que sua "ditadura do proletariado" seria uma etapa que precederia a harmonia total que se daria de modo automático após várias gerações de educação do povo.

Em sua obra posterior, *O capital,* ele declara que todos os governos devem ser eliminados, que todas as religiões são "o ópio do povo", que toda propriedade particular é perniciosa e deve ser estatizada, que todas as diferenças sociais entre homem e mulher devem ser abolidas, etc. Como representante típico da tradição judaico-cristã, ele não foi capaz de se liberar do modo de pensar radical, do tipo "ou isto... ou aquilo", que já nos havia causado tantos infortúnios no passado. Acreditava estar liberando o mundo do credo do pai e da avidez de posse a ele vinculada, mas para isso utilizava os mesmos modelos rígidos do pensamento ocidental.

Nesse ínterim, mais da metade da população mundial vê no marxismo a sua nova religião, e sua influência continua a se ampliar com surpreendente rapidez. No mundo inteiro as pessoas rejeitam as antigas convicções para abraçar o novo credo que promete a liberdade e a igualdade para todos.

Todavia, em todos os lugares onde o marxismo é hoje empregado na prática, desenvolveu-se uma nova forma de repressão e de desigualdade — junto com um gigantesco monopólio burocrático. A camada superior da Rússia atual não possui nenhuma fábrica, nem terras, porém detém todos os privilégios da camada superior feudal e o direito de educar os filhos em colégios especiais, de elite. Ainda que esse sistema talvez seja preferível ao império do czar, não chega nem perto da utopia descrita no *Manifesto comunista*. E esse fato dificilmente poderá ser alterado no futuro. Só resta esperar que algum dia, partindo de Marx, os chineses possam encontrar o caminho que conduza a uma ordem social equilibrada. Pois são famosos por saberem conferir um sentido novo e prático a idéias alheias. Além disso, foi entre eles que surgiu, há milênios, a noção de harmonia entre o que está em cima e embaixo, entre pai e mãe, céu e terra, governo e oposição, yin e yang. Foi também na China que há muito tempo surgiu a mais duradoura e pacífica cultura sobre a terra.

Hoje em dia, o comunismo é normalmente visto como inimigo feroz do capitalismo, e ambos os sistemas procuram seriamente sobrepujar um ao outro. Porém, o comunismo é de fato o produto da complementação de um patriarcado que valoriza as posses. Num dos sistemas é enaltecida a propriedade privada e, no outro, a propriedade coletiva; e na realidade não se pode designar nenhum dos dois como ideal. Na velha Rússia, na qual o comunismo foi posto em prática pela primeira vez após a revolução, houve simplesmente uma reação contra um sistema insuportável, no qual os camponeses e operários eram explorados e, ao mesmo tempo, consolados com a promessa de uma possível vida melhor no céu.

Após a revolução, as massas acreditaram que, uma vez afastadas as três raízes do mal — a propriedade privada, a classe alta e a religião —, todos os problemas sociais estariam solucionados. Stálin, que havia passado alguns anos num seminário, voltou-se contra a Igreja, tornando-se seu arquiinimigo. Para aniquilar os pressupostos malfeitores e impedir o seu retorno, ele liquidou cerca de dez ou quinze milhões de membros da classe alta, da burguesia, da intelectualidade, da espiritualidade. Ao destruir o pináculo da pirâmide social, os comunistas esperavam introduzir a primeira fase da igualdade e da harmonia eternas. Acreditavam haver afastado, de uma vez por todas, a superestrutura parasitária.

Porém, em breve constatou-se que se havia saído de um velho sistema repressivo para cair em outro. A ideologia comunista explica isso afirmando que a sociedade precisa passar por uma fase autoritária para depois poder atingir a tão almejada liberdade em tudo. Após algumas décadas já não se precisará de governo, pois todos seguirão as regras da humanidade, de livre e espontânea vontade. Enquanto isso, o resto do mundo terá se convertido ao comunismo, e já não haverá guerras.

A maior parte dos comunistas esperam até hoje por essa utopia. Porém os seus filhos e netos aos poucos perceberão que nunca haverá sociedade sem um cérebro dirigente. Sociedades sem liderança são tão pouco desejáveis como aquelas sobrecarregadas de autoritarismo.

A solução não reside na repressão de um ou de outro elemento, e sim na coordenação sinérgica de todos os elementos. Chama-se de sinérgica a sociedade na qual os interesses do indivíduo estão de acordo com os da comunidade, complementando-se de parte a parte.

O czar teria podido evitar a revolução, com sua catástrofe decorrente, se tivesse concedido ao povo uma voz no governo. Contudo, as suas idéias patriarcais e de religiosidade paternalista ocasionaram a sua perda de visão e de contato com a realidade. Quando os diversos representantes dos grupos de trabalhadores compareceram diante do palácio para apresentar suas reivindicações, ele ordenou ao exército que atirasse nos manifestantes.

O fato de existirem governos no mundo ocidental que ainda não aprenderam com a história e que negligenciam, traem e exploram as classes inferiores é igualmente pouco salutar. Ao que tudo indica, não se poderá evitar que milhares de pessoas angustiadas ainda sejam empurradas para os braços do exército comunista.

O modelo patriarcal de sociedade descrito na Bíblia influenciou sobremaneira a cultura ocidental. Em segundo lugar, está a antiga Grécia, onde há raízes de nossa cultura. Platão é freqüentemente denominado o "pai da filosofia ocidental". Por isso é oportuno descrever aqui uma síntese das noções de Platão relativas à sociedade e às circunstâncias políticas na velha Grécia, relacionando-as com o conceito yin/yang.

Os gregos antigos forjaram a palavra "democracia" (governo do povo), e Atenas foi temporariamente regida pela decisão da maioria. Mas os eleitos eram todos da rica camada superior, e o restante da população não tinha representação. As mulheres eram excluídas da política, e os escravos não eram levados absolutamente em conta como pessoas de igual valor. A idéia de democracia, como hoje a entendemos, não surgiu na Grécia, e sim no norte da Europa.

Os extremistas de direita são os que gostam de citar o modelo grego. Recorrem principalmente à *República* de Platão para justificar idéias políticas de direita, segundo o seguinte princípio: uma ideologia é, de fato, válida se concorda com o "pai da filosofia ocidental". O Estado ideal de Platão corresponde ao modelo de Esparta, no qual uma elite relativamente pequena tinha absoluto domínio sobre o resto da população. A proporção de espartanos e hilotas (escravos) era de um para treze. Os escravos que não se submetiam, ou que eram suspeitos por outros motivos, eram assassinados durante a noite por esquadrões especiais.

A sociedade ideal descrita por Platão é regida por filósofos escolhidos (como o próprio Platão) e usa métodos mais refinados. Os cidadãos que não se sujeitam ao governo são enviados, por exemplo, para instituições onde são politizados; aí permanecem até se submeterem, arrependidos, ou até morrerem. Viagens ao estrangeiro são permitidas somente aos cidadãos isentos de quaisquer impedimentos. Quando eles voltam, verifica-se se a sua personalidade sofreu influências estranhas. Ao constatar ser esse o caso, eles também são enviados às instituições para serem politizados. A elite vive em comunidade e o casamento é irrelevante. O Estado determina quem deve dormir com quem, para produzir uma descendência de elite. O Estado também educa as crianças, que nunca sabem quem são os seus pais. As mulheres são consideradas basicamente como iguais, e por vezes atingem posições elevadas, ainda que com freqüência sua capacidade seja inferior à dos homens. Todos os membros da elite são estimulados a manter relações sexuais entre si, seja com representantes do sexo oposto, seja com os do mesmo sexo. Mas, como os homens são um pouco superiores às mulheres, o amor entre eles é considerado a mais elevada forma de amor. Em resumo, na *República* de Platão, as mulheres, o amor físico e a família são desvalorizados, assim como na Bíblia.

Do mesmo modo, pode-se deduzir dos famosos diálogos de Platão que a sua mentalidade era autoritária. Habitualmente haveria um filósofo condescendente e onisciente (como ele próprio) para instruir discípulos ávidos de saber e submissos. A função dos estudantes é a de contribuir para o diálogo através de frases como: "Sim, mestre, como poderia ser de outra forma?" ou: "De fato, seus pensamentos constituem a pura verdade", ou então: "Nunca ouvi estas coisas expostas de modo tão claro". Esse tipo de sabedoria clássica foi ensinado durante séculos nas escolas européias de elite. Porém, gradualmente, começamos a substituir esses monólogos por diálogos sinceros — entre professores e alunos, governo e oposição, administração e operariado, homem e mulher, etc. Ao mesmo tempo, cada indivíduo, seja ele homem ou mulher, pode estabelecer e manter um diálogo entre o elemento yang, consciente, e o elemento yin, inconsciente. Falaremos disso mais adiante, num outro capítulo.

As comunidades dos essênios

Os essênios, já mencionados no segundo capítulo, são interessantes justamente por apresentar uma ligação entre o Oriente e o Ocidente. Por um lado, o Novo Testamento é em grande medida influenciado pelos seus ensinamentos e, por outro, sabemos que esses ensinamentos remontam à Ásia central. Os trechos seguintes foram extraídos em grande parte dos textos traduzidos por E. B. Szekely[37]. Baseiam-se, por sua vez, em antigas escrituras cujas pistas foram seguidas no decorrer de seu trabalho de vários anos na Biblioteca do Vaticano e em outras. Acrescentem-se ainda os manuscritos do mar Morto, descobertos em 1947 e oriundos da comunidade de Qumran. Talvez a imagem pacífica e virtuosa dos essênios criada por Szekely seja um tanto idílica. Certamente havia também fanáticos, extremistas e os que não se enquadravam bem nessas comunidades. Mas inúmeros historiadores da Antiguidade referem-se aos essênios com respeito. O historiador romano Plínio e Fílon de Alexandria relatam, por exemplo, a ampla repercussão de sua influência e de seu conhecimento no campo da medicina. Suas comunidades já existiam antes de nossa contagem histórica de tempo, no Oriente Médio e no Egito, e mantinham ligações estreitas com outros grupos religiosos. Por isso, seus ensinamentos denotam um caráter universal, representando uma espécie de religião mundial da época.

Como já foi mencionado, várias parábolas e passagens atribuídas a Jesus são citadas nos ensinamentos dos essênios antes de Cristo. Devemos inferir, portanto, que ou Jesus era essênio, ou manteve íntima relação com eles. Isso também esclareceria por que o Novo Testamento contém várias noções que concordam muito mais com as religiões asiáticas do que com as ligadas ao Velho Testamento. Os judeus ortodoxos de então rejeitaram Jesus e seus ensinamentos, tachando-os de "alheios", e ordenaram a sua execução. Até hoje as Igrejas cristãs se calam quanto ao conhecimento que se origina das escrituras dos essênios. Em vez de utilizar as descobertas fascinantes para dar nova vida aos rígidos ensinamentos bíblicos, a Igreja se aferra a noções ultrapassadas.

Os essênios viviam em comunidades agrícolas, afastadas das aldeias e cidades. Seu estilo de vida era simples; utilizavam a terra e os bens em conjunto. O indivíduo tinha direito a uma casa simples e a objetos adequados ao uso diário. A riqueza, tanto como a pobreza, era rejeitada como algo anormal. Os essênios acreditavam que todas as necessidades humanas, como alimentação, moradia, vestuário, etc., podiam ser satisfeitas no contato com a natureza — sem lutas nem guerras. Jesus também tinha essa mentalidade, mas nos círculos cristãos ligados aos bens materiais é natural que certas frases tenham sido evitadas, tais como: "É mais fácil um camelo passar pelo buraco de uma agulha do que um rico entrar no reino dos céus. . ." "Segue-me e doa os teus bens aos pobres. . ." "Os lírios do campo não se preocupam com o futuro, pois o Senhor vela por eles."

Os essênios utilizavam a forma simbólica de uma árvore com sete raízes e sete galhos para explicar a ordem cósmica. Os galhos estendem-se em direção ao céu e as raízes representam a conexão com a terra, a fonte da vida. O galho mais alto simboliza o pai celestial e a raiz mais profunda, a mãe terrestre. Os demais galhos e raízes representam diversos emissários ou anjos, dos reinos do céu e da terra. Cada um dos galhos e raízes era ligado a um determinado dia da semana, e a orações da manhã e do anoitecer. Desse modo, os essênios meditavam sobre todos os aspectos da natureza e do espírito. O sábado à noite, por exemplo, era dedicado ao tema do trabalho criativo. Nas manhãs de quinta-feira, ocupavam-se do tema da água, em suas variadas formas, como rios, gotas de chuva, a seiva das plantas e do corpo humano.

O sábado pela manhã era dedicado à mãe terrestre e à sua influência sobre o bem-estar espiritual e físico. Discutiam-se os diversos elementos da terra e da vida vegetal, e seu aproveitamento como alimento e na medicina natural. Ao acolher dentro de si algumas substâncias apropriadas, o homem estabelece uma harmonia entre o seu corpo e a mãe terra e provê um fundamento sadio para o crescimento físico e espiritual. Segundo os ensinamentos dos essênios, só aquele que estivesse firmemente enraizado no reino da terra poderia galgar o reino dos céus. A saúde física e uma vida simples em consonância com a natureza eram consideradas os requisitos para a expansão espiritual. Assim como um bebê precisa primeiro ser criado pelo carinho da mãe antes de poder seguir os passos do pai, o homem só pode se desdobrar espiritualmente quando se harmoniza com o seu corpo e com a sua natureza.

Novamente encontramos aqui a noção oriental de yin/ yang, de que é preciso haver um equilíbrio sadio entre o corpo e o espírito, entre a influência paterna e a materna, entre o céu e a terra, entre os galhos e as raízes. No dia-a-dia dos essênios também se cuidava da alternância entre o trabalho nos campos e jardins e o estudo das Escrituras. O reino terrestre é cultivado com tanto cuidado como o reino do céu.

Essa árvore também é descrita no Velho Testamento, com ênfase no "pai celestial". Porém, neste caso, trata-se da Árvore do Conhecimento, símbolo do mal. O aspecto materno-terrestre da árvore é representado por uma serpente maligna. A mulher, com ímpetos pecaminosos (Eva), convenceu o homem (Adão) a provar dos frutos da árvore. A moral é evidente: não se deixe influenciar pelas mulheres e evite aqueles que (como os essênios) acreditam na Árvore da Vida. Só dê ouvidos a Jeová, que está no céu.

A veneração das árvores era muito difundida entre os povos sedentários de Antiguidade. Os hebreus, no entanto, a princípio eram nômades; daí também provém o seu desprezo pelas árvores. A palavra "hebreu" significa o mesmo que "forasteiro do deserto". Diversos povos espalhados por todas as partes veneravam a árvore como símbolo da vida, da força vital, do poder e da vida longa. Ao nascer uma criança, era costume plantar-se uma árvore, que, a partir de então, era considerada a árvore da família pelas sucessivas gerações.

Os povos germânicos também acreditavam no freixo da vida denominado Yggdrasil, que abraça e envolve o mundo inteiro, unindo a terra dos deuses (Asgard), o céu, à terra dos homens (Midgard), a terra. Em suas raízes se encontram

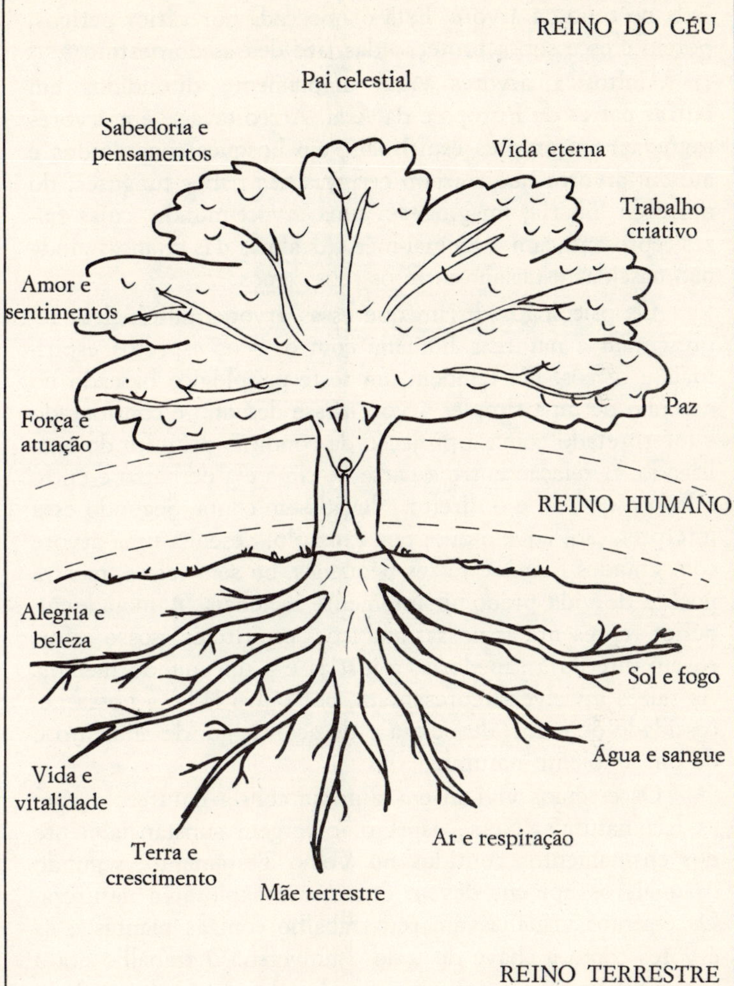

A árvore da vida dos essênios

as três fontes representando a criação original, a memória cósmica e o destino cósmico. Uma águia onisciente está pousada no topo da árvore. Esta é ameaçada por vários perigos, porém cresce sob a proteção das três deusas do destino [38].

Cultos a árvores eram amplamente difundidos em outras partes da Europa e da Ásia. Acreditava-se em árvores sagradas, em árvores espirituais, em bosques consagrados e até em árvores que traziam crianças. As tribos tunguses, do norte da Sibéria, imaginavam uma árvore-mundo, cujas raízes representavam o animal-mãe. As almas das crianças ainda não nascidas estariam entre os seus ramos [39].

Os psicólogos diriam que essas árvores mitológicas representam a natureza humana com os seus aspectos espirituais e físicos. Há também um teste psicológico baseado no desenho de uma simples árvore. Esse desenho é considerado e interpretado como a projeção da condição psíquica do analisando. A relação entre a parte de cima e a de baixo e entre o lado esquerdo e o direito é levada em conta. Segundo essa interpretação, aquele que, por exemplo, desenha uma árvore com grandes ramos e raízes pequenas, ou sem raízes, mostra noções de vida predominantemente racionais. A metade superior representa as nossas ambições espirituais, nosso esforço em direção à sabedoria, à justiça e a um mundo melhor. As raízes invisíveis representam, por outro lado, a nossa necessidade de amor, de beleza e de aconchego, de alimento e de um ambiente natural.

Os essênios viviam em sintonia com a natureza e com as leis naturais. Nesse aspecto, divergem substancialmente dos ensinamentos contidos no Velho Testamento, segundo os quais os homens devem dominar e explorar a natureza. Os essênios visualizavam seu trabalho com as plantas e as árvores como a chave de todo o universo. O trabalho era a sua conexão com a natureza, o sol, a terra e a chuva. Pelo fato de trabalharem a favor da natureza e não contra ela, podiam assegurar suas necessidades vitais com poucas horas de trabalho. Sabiam muito a respeito do clima, das estações do ano, dos fenômenos meteorológicos, conheciam as estrelas e a sua influência sobre as plantas, os animais e os homens. Mantinham-se conscientemente afastados das cidades e aldeias para poderem viver mais próximos da natureza. Além disso, acreditavam que as degenerações, doenças e os transtornos mentais manifestavam-se primordialmente naqueles que haviam perdido o contato com a natureza. Desconheciam o conflito bíblico entre natureza e cultura, espírito e corpo, pai e mãe, homem e mulher, yin e yang, em suas mais amplas implicações.

Aliás, os essênios eram vegetarianos; os cereais constituíam a sua alimentação básica. Eram mestres na arte de tornar fértil a terra pobre, e transformavam desertos em bosques. Acordavam antes do raiar do dia, e sua primeira oração era dedicada ao sol; por isso, eram por vezes chamados de "adoradores do sol". Após a oração, banhavam-se com água fria e tomavam a primeira refeição em silêncio. Trabalhavam até a tarde, e o anoitecer era dedicado à meditação e ao estudo dos ensinamentos.

Eram capazes de evitar a maior parte das doenças devido ao seu conhecimento das plantas e de ervas medicinais. Grande parte de seus ensinamentos referia-se à cura natural e espiritual. Também acreditavam nas propriedades curativas do ar, dos raios do sol, da água e da terra. Julgavam que viver contra as leis da natureza era um pecado que mais cedo ou mais tarde seria castigado com a doença. Segundo algumas fontes, a palavra "essênio" significa "aquele que cura". Era de conhecimento geral naquela época que os essênios possuíam poderes especiais de cura, e pelo menos um deles é expressamente citado na Bíblia: João Batista. Já foi mencionado que Jesus provavelmente mantinha ligações com os essênios. Nas narrativas que relatam as curas por ele efetuadas, afirma-se com freqüência que ele atribuía as doenças a certo tipo de vida e de pensamento antinatural.

Os atuais detentores dos conhecimentos da cura natural baseiam muitas de suas idéias nos ensinamentos essênios, onde se enfatiza continuamente o significado da prevenção da doença — ao contrário da medicina moderna ortodoxa, que se limita aos males já existentes. Dá-se grande valor à harmonia com a natureza e aconselha-se as pessoas a não se submeterem a agressões artificiais ou químicas. Considera-se a nutrição sadia, à base de alimentos puros, o fundamento da saúde. Os alimentos dos essênios eram frescos, colhidos em suas próprias hortas e pomares, e muitos eram ingeridos crus. Até os cereais eram freqüentemente preparados de modo a produzir uma espécie de pão que não era submetido a cozimento. Os grãos eram amolecidos, triturados, moldados em forma de bolos e secos sobre pedras ao sol. Esses "bolinhos" eram de fácil digestão e continham ainda todos os nutrientes naturais dos grãos integrais crus. Hoje sabemos que muitas doenças degenerativas são causadas pela ingestão de poucos alimentos crus.

Os essênios eram de opinião que a ingestão da carne de animais assassinados tornam as pessoas sem sentimento, nervosas, impacientes e propensas a doenças. Desconheciam o açúcar; mas, é provável que o tivessem evitado pelos mesmos motivos. Rejeitavam também as bebidas alcoólicas por motivos de saúde. Suas refeições eram simples e constavam habitualmente de dois ou três componentes. Julgavam que comer em demasia é um grande perigo. A maior parte das refeições era ingerida devagar e em silêncio, e eles jejuavam uma vez por semana.

Além disso, tinham consciência da importância da fé. Sabiam com clareza que as doenças psicossomáticas se desenvolvem facilmente quando se perde o contato com as forças cósmicas. Com freqüência, curavam simplesmente ao restabelecer a fé. Por isso cultivavam uma mentalidade espiritual construtiva, e sabiam que a inveja, o ódio, o sentimento de culpa, a maldade, etc., atuam perniciosamente sobre a saúde física e mental. Mantinham suas concepções pacíficas e seu equilíbrio interior através de uma vida equilibrada e da meditação regular. Os mais famosos terapeutas entre eles faziam grandes viagens a todas as regiões do mundo para ajudar os que haviam perdido a fé ou a saúde. Só eram plenamente aceitos como membros das comunidades aqueles que se preparavam durante vários anos e que passavam por um ano de provas numa delas. Inúmeros membros passivos viviam fora das comunidades, em aldeias e cidades normais, seguindo os ensinamentos na medida do possível.

Assim vivemos nós

As sociedades industriais do Ocidente são boas em vários sentidos. Apesar disso, temos a sensação de que algo não está certo. Parece que não solucionamos satisfatoriamente o conflito entre as necessidades do indivíduo e as da sociedade. É evidente que nunca houve uma comunidade ideal sem conflitos entre o bem individual e o coletivo. Até nas famílias mais felizes há brigas de vez em quando, e cada membro tem uma intenção própria. Ainda assim, deveríamos tentar definir e afastar a série de conflitos inerentes à nossa sociedade.

Há vários anos, Albert Einstein assinalou o motivo primordial, na sua opinião, da crise de nossa época. Ele também achava que havia uma distorção na relação entre o indivíduo e a sociedade. As pessoas sentem-se cada vez mais dependentes da sociedade. Mas não sentem isso como uma bênção, e sim como uma subtração parcial da sua liberdade. Sentem-se entregues ao poder central e ameaçados em sua existência econômica. O nosso sistema recompensa ao mesmo tempo os impulsos egoístas. Os impulsos sociais que, por sua própria natureza, são mais fracos perdem cada vez mais a sua importância. Cada qual tenta tirar o máximo proveito da comunidade, contribuindo o menos possível. Nessas circunstâncias, não sofrem apenas os explorados, mas também os exploradores. Todos se tornam prisioneiros do próprio egoísmo, sem ter consciência desse fato. Sentem-se inseguros e solitários, e quase já não têm a oportunidade de usufruir de uma vida comunitária harmônica e afetuosa. Fora de uma comunidade, a vida perde em grande parte o seu sentido [40].

A mentalidade individualista, voltada para a concorrência e para as posses, requisitada nas sociedades capitalistas, é causada por uma ênfase exacerbada dos valores yang. Como Erich Fromm comentava com freqüência, essa mentalidade está intimamente ligada ao direito e à religião paternalistas. A princípio pode parecer paradoxal ligar o credo cristão ao o capitalismo. De fato, Jesus pronunciou-se às vezes contra o acúmulo de bens particulares. Mas, ainda assim, a religião paternalista — ao contrário da maternalista — está voltada para os bens. Além disso, o patriarcado recompensa o sucesso e as aquisições individuais, ao passo que as sociedades regidas pelo direito materno ressaltam o bem da comunidade.

É natural que surja um conflito entre esses dois elementos. E, ao contrário, de acordo com o conceito yin/yang, a condição normal seria uma harmonia dinâmica entre as duas influências; neste sentido, nossa atual sociedade não é "normal". Quando o princípio da livre iniciativa é levado ao extremo, a sociedade passa a ser composta por pessoas isoladas, dirigidas pelo dinheiro, e que não têm tempo para os outros. Só pensam no lucro, e para elas tudo se torna um meio para alcançar esse fim: suas amizades, sua sensualidade, seu sorriso e seu tempo. Tudo passa a ter um preço, até aqueles que as cercam.

No outro extremo desta escala encontram-se aqueles que vivem em sociedades regidas pelo socialismo, onde os anseios individuais são desconsideradamente submetidos às necessidades da sociedade. Essas pessoas são obrigadas a se adaptar à consciência coletiva e a dividir todos os seus bens com a coletividade. Geralmente isso está associado a um domínio dos valores yin. Ambos os extremos devem ser naturalmente repudiados do mesmo modo, pois, na prática, todas as sociedades têm expoentes coletivistas e individualistas, nas mais variadas combinações. Vários capitalistas americanos contribuem para o bem coletivo, e inúmeros comissários russos têm um sentido de iniciativa particular. Os dois elementos se complementam numa sociedade equilibrada. Os interesses próprios de uns podem ser coordenados com os interesses da comunidade. Uma certa dose de concorrência é desejável, porém esta deve ser equilibrada pela aptidão para um trabalho conjunto. O indivíduo deve sentir-se livre e, ao mesmo tempo, considerar uma honra pertencer a uma comunidade sadia.

Ruth Benedict cunhou a palavra "sinergia", que já utilizamos várias vezes, para descrever a harmonia entre o indivíduo e a comunidade[41]. Em seus estudos antropológicos sobre os indígenas e habitantes das ilhas do sul, ela descobriu inúmeros exemplos de sinergia, benéfica ou maléfica. Em uma tribo, na costa oeste do Canadá, todos os anos os membros mais honrados queimavam seus pertences particulares, em meio a muita alegria e festejos. Outras tribos repartiam tudo, desconheciam a propriedade privada. Considerava-se indecoroso entre os índios hopis e zunis, do Arizona e do Novo México, vencer abertamente as competições. Não se corria, por exemplo, para chegar em primeiro lugar; a finalidade era movimentar-se harmoniosamente através do meio ambiente natural, a fim de conseguir um contato com o Grande Espírito. Outras tribos permitiam a propriedade particular, porém os ricos eram desprezados por guardarem tudo para si.

A sra. Benedict chegou à conclusão de que falta à sociedade americana moderna essa qualidade sinérgica e que existe nela um conflito básico inerente entre o indivíduo e a comunidade. Ela é de opinião que a mentalidade está por demais voltada à concorrência e às posses, pois recompensa a cobiça e o egoísmo e despreza os que desejam viver simplesmente, em comunidade. Quase todo americano sonha em tornar-se milionário e em andar por aí num carro luxuoso, se possível, também às custas de outrem. A maior parte dos filmes e seriados da televisão americana mostram variações sobre esse tema. Esses ideais não contribuem para a harmonia interpessoal e nem sequer aumentam a satisfação do indivíduo. Em alguns casos, conduzem à avidez criminosa e à busca incansável do sucesso. E para a maioria dos que não alcançam êxito, restam a inveja e a resignação. Uma estrutura social sinérgica satisfaria, em primeiro lugar, às necessidades humanas básicas; além disso, deixaríamos de ser simplesmente incitados a acumular mais e mais dinheiro e bens. As pessoas mais felizes do mundo vivem nessas sociedades sinérgicas.

O escritor J. B. Priestley relata que, ainda há pouco tempo, existia um estilo de vida simples como esse na Inglaterra [42]. O estilo de vida de seus pais, por exemplo, era muito menos dependente do dinheiro do que ocorre hoje em dia entre os jovens. Para se divertirem nos sábados à noite, eles iam passear no campo e gastavam somente vinte centavos de bonde. Não precisavam de carro para ser felizes, nem de jantar em restaurantes, ir ao cinema ou dançar em discotecas. Em vez disso, conversavam com os amigos, convidavam os vizinhos para jantar, cantavam no coro, cuidavam do jardim ou visitavam seus familiares.

Todos esses prazeres custam pouco. Por isso, eles tampouco se sentiam compelidos a ganhar muito dinheiro para gozar a vida. O dinheiro pode nos tornar livres em vários sentidos. Porém, se desenvolvermos um estilo de vida semelhante ao modelo americano, no qual as pessoas se tornam dependentes de divertimentos caros e de máquinas, seremos escravos do dinheiro. Esqueceremos então que muitas das coisas mais lindas da vida não podem ser compradas. E, mais ainda, desaprenderemos a participar ativamente da vida e a preencher o tempo com criatividade.

Talvez agora essa vida simples nos pareça antiquada. Há mais coisas "acontecendo" nos Estados Unidos, que chamamos de terra das oportunidades. Inúmeras pessoas sonham até hoje em construir sua felicidade e fazer fortuna lá algum dia. Indubitavelmente dinâmica e voltada para o futuro, em vários sentidos a América conduz o mundo. Porém, as sociedades que cultivam o elemento yang às custas de sua contraparte yin, preparam muitas dificuldades para si mesmas e para seus vizinhos. A longo prazo, estas serão sociedades inferiores às sinérgicas. A concorrência em demasia, as contínuas novidades e mudanças confundem e desagregam a comunidade. As sociedades tradicionais têm, em contrapartida, o problema inverso: seguem o exemplo de seus antepassados e deixam de acompanhar o seu tempo. Ficando estagnadas, não se adaptam às circunstâncias em transformação. Não podem concorrer com seus dinâmicos vizinhos. Querem permanecer orgulhosas de sua velha cultura, porém não percebem que ficaram para trás. Como sempre, não se trata de seguir um ou outro estilo de vida, e sim de valorizar um equilíbrio dinâmico entre o velho e o novo, entre o indivíduo e a comunidade, entre yin e yang.

10. A harmonia com o "eu interior"

O que é o "eu interior"?

Ao curarmos uma ferida depois de ter sofrido um corte, será que esta se fecha?, e como se forma uma nova pele? Quando nos apaixonamos, o que faz com que o nosso coração bata mais depressa? Quando uma criança nasce, através de que forças misteriosas ela vai se transformando lentamente numa pessoa adulta? Todas essas funções biológicas são resolvidas automaticamente sem a nossa atuação consciente.

Ainda que haja um trabalho conjunto do sistema nervoso vegetativo, das glândulas do cérebro ancestral e de outros órgãos, não se pode dizer que se trate "meramente" de processos psicológicos. É evidente que há uma inteligência complexa e altamente desenvolvida em ação. Embora não possamos entender essa inteligência com a nossa consciência, nada altera o fato de que ela realiza milagres ininterruptos, mantendo a vida em andamento. Essa inteligência consciente não regula apenas os processos naturais, como também, em grande parte, a nossa vida como um todo. Quando, por exemplo, fazemos algo que tem sentido para nós e perseguimos um objetivo com empenho, essa inteligência nos concede as forças físicas e mentais para realizá-lo. Se, de súbito, surge uma idéia genial, ela provém dessa mesma fonte. Ao acordarmos espiritualmente recuperados pela manhã, isso se deve ao fato de essa mesma inteligência ter restaurado nossas forças durante a noite.

A essa força maravilhosa deram-se vários nomes, que

tentam explicá-la de diversas maneiras. É misteriosa, oculta, obscura e inconsciente, pela sua própria natureza. Não nos é possível, nem seria necessário, ser plenamente conscientes dela. Além disso, é tecnicamente impossível organizar com consciência milhares de processos complexos. Já temos bastante dificuldade para captar duas ou três coisas ao mesmo tempo com nossos olhos ou para retê-las na memória. Nossa intenção não deveria ser vigiar continuamente essa força interior, mas estar atentos a ela e trabalhar junto com ela. Somente assim poderemos encontrar a harmonia interior de que precisamos para a nossa felicidade e sucesso.

Os escritos orientais falam com freqüência do "eu interior", que tanto pode ser nosso amigo como inimigo, e que nos une de modo misterioso ao universo e às leis cósmicas. Os psicólogos modernos falam do "inconsciente", que pode se expressar de modo construtivo ou destrutivo diante do consciente. Sigmund Freud reconheceu principalmente as facetas naturais do inconsciente, o que explica a unilateralidade de suas teorias e o amplo alcance do fracasso de seus métodos (ver capítulo 6). Todos os psicólogos concordam, entretanto, que as neuroses, doenças mentais e várias outras moléstias físicas são causadas pelo conflito entre o consciente e o inconsciente. Nesse último caso, fala-se de doenças psicossomáticas, ainda que, em todas as circunstâncias de doença ou saúde, o equilíbrio entre o consciente e o inconsciente desempenhe uma função.

Na maioria dos casos, a tarefa do médico é ajudar a restabelecer o equilíbrio. Os inúmeros fracassos da medicina moderna se explicam pelo fato de que os médicos freqüentemente se esquecem disso e intervêm de modo grosseiro, mecânico ou químico no complicado jogo de interação de corpo e espírito. Comparados ao sistema complexo do organismo humano, os novos métodos de medicina e da ciência ainda são primários, e quase nada se fará a respeito disso num futuro próximo.

O terapeuta no Oriente costuma abordar o problema com maior sensibilidade, no sentido de restabelecer o equilíbrio entre o eu interior (yin) e o eu exterior (yang). Inúmeros psicólogos e sociólogos chamaram a atenção para o fato de que os hábitos de pensamento e de vida do Ocidente contribuem para a cisão entre o espírito e o corpo, entre consciente e inconsciente, e várias vezes essa divisão causa, literalmente, a doença. Nossa cultura é dualista a partir de suas raízes, que contêm traços esquizofrênicos (divisão psíquica). A esquizofrenia jaz latente em todos como um vírus, porém só aparece nos membros mais sensíveis e fracos da comunidade. Todos querem viver em sintonia com o eu interior e, no entanto, ninguém jamais conseguirá manter uma harmonia ininterrupta. Nosso consciente precisa estar afinado simultaneamente com o ambiente que o rodeia e com o inconsciente, e este equilíbrio não poderia ser sempre bem sucedido. É preciso ter a capacidade de agüentar certa dose de atritos internos e externos. Porém, é preciso também cuidar para que os atritos não se transformem em hábito. Tensões ocasionais tornam-se excitantes, porém tensões incessantes exaurem nossas energias e, em última instância, podem nos levar à morte.

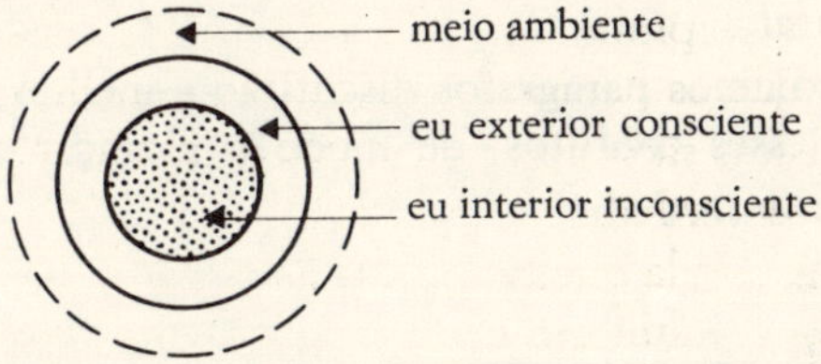

Ainda que as harmonias interior e exterior sejam em grande parte interdependentes, temos habitualmente maiores possibilidades de influenciar a nossa realidade interior do que as circunstâncias exteriores. De todo modo, cada indivíduo é responsável pela própria vida interior, e ninguém pode substituí-lo nessa tarefa. Como harmonizar os pensamentos e sentimentos depende de cada um, assim como integrar o espírito com o corpo e o consciente (exterior) com o inconsciente (interior). Em última análise, mesmo os médicos, psicólogos e outros conselheiros só podem nos ajudar a ajudar-nos a nós mesmos.

Por isso, a solução dos conflitos interiores é da maior importância. Enquanto carregarmos conosco os nossos conflitos internos, nós os projetaremos automaticamente sobre o nosso próximo e sobre o nosso meio, provocando dificuldades para nós mesmos e para terceiros. Aquele que luta contra males externos, pode chegar à felicidade e ao sucesso completo por meio dessa luta. Mas, aquele que luta continuamente contra si mesmo está condenado à infelicidade e ao fracasso. Logo que se resolvem os conflitos interiores, os exteriores parecem menos difíceis, e muitos deles até desaparecem. Dificuldades que antes pareciam intransponíveis, transformam-se em desafios interessantes. Inimigos muitas vezes tornam-se amigos, e influências destrutivas mostram o seu lado positivo.

Daremos a seguir uma lista que possibilita reconhecer conflitos interiores inconscientes e defini-los. Os sintomas de conflitos interiores estão enumerados do lado esquerdo, enquanto o direito descreve a condição harmônica correspondente. Para extrair um maior proveito dessa lista, você deve escolher os itens que melhor se identifiquem com a própria situação e que se transformam incessantemente e de modo natural.

Os próximos parágrafos discutirão a melhor maneira de solucionar esses conflitos, de modo a alcançar a harmonia interior e exterior.

Conflito	Harmonia
1. Interior e exterior	
A realidade está cheia de contradições. Os fragmentos dos mosaicos da vida parecem não se encaixar uns nos outros. Ao mesmo tempo, sentimos um conflito entre corpo e alma. Todos os esforços parecem um pouco tensos, forçados, artificiais e pouco hábeis. Não é possível organizar	Conseguimos acomodar as realidades e os ideais aparentemente contraditórios. Visualizamos mais pontos em comum, e menos diferenças. O corpo e a alma se harmonizam, os sentimentos concordam com o pensamento. Tudo o que empreendemos parece corresponder à natureza das

Conflito	Harmonia
vários fatores interiores e exteriores e, portanto, negá-los, reprimi-los, temê-los ou levá-los a assumir formas artificiais.	coisas. Inexistem fatores internos ou externos que sejam destituídos de sentido ou oprimidos, ou que precisem ser temidos. Já não é mais necessário forçar a realidade a se enquadrar em categorias artificiais. Encontramos o acesso às forças criativas interiores, utilizando o meio que as envolve, sem, contudo, explorá-las.
2. Espírito e corpo	
Achamos o cotidiano exaustivo, e mesmo assim não alcançamos grande coisa. Espírito e corpo parecem trabalhar em antagonismo e não em conjunto. O entendimento não é muito amplo, criativo ou "inteligente", não encontramos a raiz do problema, nem a mais simples solução.	Conseguimos quase tudo sem esforço. Corpo e espírito trabalham em conjunto, sem conflitos. Compreendemos os problemas e achamos o caminho mais curto para resolvê-los, sem desperdiçar energia mental ou física.
3. Consciente e inconsciente	
O consciente perdeu em grande parte o contato com o inconsciente. A vida proporciona pouca alegria e não é encarada como um processo criativo. Os movimentos do corpo são malcoordenados e desajeitados, falta-lhes o encanto natural. A respiração torna-se	O espírito exterior consciente está intimamente interligado ao espírito inconsciente interior. A vida torna-se uma alegria e é encarada como um processo criativo. Harmonizamo-nos com o corpo através de uma espécie de sistema integrado biológico retroces-

Conflito	Harmonia
superficial, agitada e forçada. A postura do corpo é muito rígida, ou muito frouxa. Os movimentos não são "centralizados", não provêm do centro de gravidade no ventre, mas dos ombros e dos braços. Todo o organismo parece sobrecarregado e pouco equilibrado.	sivo. Os movimentos físicos parecem bem coordenados, a postura é ereta, porém flexível. Os movimentos provêm do centro de gravidade situado no ventre, e a respiração é profunda, lenta e espontânea.

4. Trabalho e recuperação

Perdemos a faculdade de "desligar", de repousar entre períodos cansativos. O corpo e o eu interior não têm a oportunidade de se recuperar, efetuando os necessários reparos. Até a maior parte das distrações e o lazer derivam em esforços, e quando ocorrem situações críticas e emergências, não somos capazes de encará-las, pois estamos exaustos.	Ouvimos os sinais internos que assinalam quando o organismo precisa de repouso. Desligamos então o agitado consciente (exterior) por algum tempo, deixando-o em "branco", e fazemos algo pacífico e natural, que proporcione satisfação íntima, ou então tentamos dormir bastante.

5. Presente, passado e futuro

É comum termos a sensação de que o passado foi um tempo desperdiçado e sem sentido, e tendemos a julgar os problemas presentes como uma decorrência dos próprios erros e de circunstâncias desafortunadas do passado. A própria ima-	Há a sensação de que o presente se desenvolveu com sentido a partir do passado. Se há problemas no presente, não procuramos a causa no passado, mas nos concentramos nas possíveis soluções. A própria imagem do passado não é dis-

gem do passado está distorcida pelo arrependimento, por auto-acusações, raiva e desilusão. Julgamos ter sido irremediavelmente prejudicados no passado pelas pessoas e por outras influências. Simultaneamente, sofremos com uma sensação de culpa e julgamos sentir até hoje as conseqüências dos erros então cometidos. Até os acontecimentos favoráveis do passado parecem atuar de modo prejudicial no presente. A mentalidade com que visualizamos o futuro também é desfigurada de modo análogo: esperamos demais ou de menos. Em vez de tirarmos o maior proveito do presente, vivemos no futuro ou no passado. Em vez de nos concentrarmos naquilo que podemos transformar hoje, preocupamo-nos com o que já não podemos alterar. Julgamo-nos então com o direito de alimentar a autopiedade e de acusar os outros.

torcida por sentimentos negativos tais como arrependimentos, lamentações, auto-recriminações e ilusões. Reconhecemos que aqueles que antes nos influenciavam também tinham problemas, e possivelmente faziam o melhor que podiam. Por esse motivo, perdoamos nossos próprios erros e aprendemos com nossas próprias experiências. Em vez de nos preocuparmos com o passado ou com o futuro, tiramos o melhor partido do presente. Sem perder de vista as origens e as metas, gozamos a vida tal como ela é.

6. O si mesmo e o mundo

Com freqüência investimos as energias em circunstâncias e pessoas, em vez de lutar a favor de algo com-

Atuamos a partir do desejo de estabelecer uma nova harmonia, e não com a intenção de ferir ou de des-

Conflito	Harmonia
pensador ou do nosso interesse. Desse modo, deparamos com obstáculos inesperados. É comum reagirmos a problemas externos com sentimentos negativos, como a ira, o ódio, o medo, a culpa, a autocompaixão, etc. O mundo é visto predominantemente como um inimigo desagradável por estar se posicionando contra o eu interior, sem que o saibamos.	truir. Caminhamos de modo construtivo em direção a uma meta compensadora, e deixamos de nos considerar como inimigos, ou apenas como objetos de circunstâncias exteriores. Por isso só raramente deparamos com obstáculos, e somos freqüentemente apoiados de modo inesperado pelas pessoas e pelas circunstâncias. Sentimo-nos interligados com todos os seres e em casa, no mundo.
7. Relação com o próximo	
A própria vida fica estagnada, e exercemos uma influência negativa sobre as pessoas e as circunstâncias. Parece que provocamos reações indesejáveis nos outros, principalmente nos do sexo oposto, mas atribuímos a culpa ao parceiro. Ainda que não queiramos depender do próximo, procuramos secretamente os seus elogios e o seu reconhecimento. A pessoa tem amizades superficiais que nada significam para ela, sentindo-se com freqüência só e isolada.	A própria vida se desenvolve e se desdobra; ajudamos a evolução dos outros. Principalmente no que diz respeito ao relacionamento com o sexo oposto, mesmo se nos harmonizarmos com os outros e com o mundo, não há grande necessidade de elogios e reconhecimento. Não confiamos em relações superficiais com pessoas que não sejam importantes para nós. De vez em quando, temos prazer com os períodos de solidão e sabemos esperar até que aconteçam relacionamentos significativos.

Conflito	Harmonia
8. Relação com o parceiro	
O relacionamento com o sexo oposto é tenso, e renunciamos em parte às nossas próprias necessidades eróticas. Parece haver muito egoísmo e concorrência entre homem e mulher, e o relacionamento com as pessoas do próprio sexo também é pouco claro. Procuramos o amor no lugar errado, muitas vezes somos magoados e ficamos desiludidos, e, no ato sexual, só vemos provavelmente os aspectos inferiores.	Vivemos em quase total harmonia com nossas próprias necessidades eróticas e com o sexo oposto. A relação com o sexo oposto é vista como algo cheio de sentido, alegre, criativo e realizador. Provavelmente, estamos apaixonados por alguém ou, de qualquer modo, amamos a vida.
9. Relacionamento com a sociedade	
Como membro integrante de um grupo, de uma família ou organização, acreditamos que certos princípios devem ser respeitados e outros, reprimidos. Por isso, não é preciso tratar do bom entendimento recíproco, pois as pessoas "boas" sempre têm razão e as "más" não devem ser consideradas. Talvez também sonhemos com uma sociedade utópica, em que dominem a igualdade e a fraternidade eternas.	Apoiamos uma ordem social em que todos os membros se completem e possam se auxiliar mutuamente, quando houver problemas em comum a serem solucionados e metas a serem alcançadas em conjunto. Providenciamos para que haja canais verticais e horizontais de entendimento, e para que estes sejam mantidos abertos. Contribuímos para conseguir um clima geral construtivo, cheio de franqueza e de confiança.

10. Caos e cosmos

Conflito	Harmonia
A imagem que formamos da ordem cósmica é mais ou menos sem sentido, arbitrária e cheia de conflitos. Parece haver uma luta contínua entre céu e terra, espírito e matéria, influências paternas e maternas, entre espírito e corpo, homem e mulher. Duas forças contrárias e incompatíveis tentam incessantemente dominar ou afastar-se uma da outra. Por isso esperamos que triunfem as forças "boas" sobre as "más". Ou então nutrimos um sonho igualmente irrealista de um mundo em que haja uma contínua harmonia cósmica, em que todos os problemas sejam solucionados de uma vez por todas. Há a sensação de que desempenhamos um papel sem sentido num mundo sem sentido, ou então que nunca venceremos a luta contra os poderes do mal.	Imaginamos que a ordem cósmica tenha um sentido, que no entanto só pode ser parcialmente percebido pelo espírito humano, e que quase não é passível de ser expresso em palavras. Existe uma relação harmônica de amplo alcance entre o espírito e a matéria, o céu e a terra, as influências paternas e maternas, as forças masculinas e femininas, etc. Há a sensação de que essa polaridade é construtiva e de que os dois pólos, igualmente importantes, se complementam. Podemos experimentar esse princípio integrador em períodos de iluminação, porém o intelecto não pode compreendê-los, pois só vê uma pequena parcela da realidade de cada vez. Sentimos que a vida tem um sentido e que desempenhamos um papel sensível na ordem cósmica.

Estes são apenas alguns exemplos que mostram como reconhecer e solucionar os conflitos interiores. Cada pessoa tem, naturalmente, problemas de vez em quando. O que importa é que não fiquemos presos a eles. Os próximos capítulos apresentarão ainda alguns conselhos práticos.

A relação com o corpo

A idéia que uma pessoa faz da relação entre o corpo e o espírito desempenha um papel decisivo em todos os setores de sua vida. Influencia o seu posicionamento quanto ao erotismo, à sociedade e à religião, e também atua sobre a saúde e sua manifestação exterior. Todas as suas idéias, decisões e ações dependem, em maior ou menor escala dela; daí todo o curso da vida ser influenciado por essa noção. Isso se explica em parte pelo fato de a nossa consciência sentir o corpo, em grande medida, como parte do meio ambiente objetivo. Um físico famoso formulou essa idéia da seguinte maneira: "...O espírito faz uma imagem do mundo exterior. O próprio corpo, em íntima inter-relação com a atitude espiritual, forma, através dessa imagem, uma parte da realidade exterior"[43].

O filósofo chinês Lin Yutang chamou repetidamente a atenção para o fato de que uma filosofia prática precisa basear-se numa boa relação com o corpo. Obtivemos um vislumbre do interior do corpo por intermédio da ciência moderna. Admiramos o complexo jogo integrador dos diversos órgãos. Reconhecemos que, em sua origem, o cérebro é um órgão cujo objetivo é procurar alimentos e farejar o inimigo e outros perigos, de modo a aumentar as chances de sobrevivência. É uma ilusão acreditar que podemos separar o nosso "espírito" do resto do corpo, para podermos pensar de modo "abstrato"[44].

A lista apresentada a seguir descreve diversas noções bem conhecidas relativas ao corpo. Veja todas as nove categorias e decida qual delas na sua opinião corresponde à verdade:

1. O corpo é como uma criança que precisa ser educada.
2. O corpo tem um instinto sadio e raramente erra.
3. O corpo muitas vezes é levado por impulsos insensatos e maléficos.
4. O corpo e o espírito completam-se para o bem mútuo.
5. O corpo é impulsivo e caótico, e precisa ser controlado.
6. O corpo serve ao espírito como um animal primitivo, porém útil.

7. O bem-estar físico é mais importante do que as ambições espirituais.
8. O espírito é o senhor e o corpo, seu servidor.
9. Espírito e corpo formam uma unidade inseparável.

Qual dessas categorias se aproxima mais da verdade? Se você escolheu os números 2 ou 7, seu enfoque da vida é provavelmente tolerante, porém com freqüência sem objetivos, e cômodo. Você se dá bem no dia-a-dia, porém não está preparado para as emergências ou as épocas de crise. Cultiva seu bem-estar físico às custas de ambições mais elevadas; a longo prazo, isso não o satisfará.

Se escolheu os números 1, 5 ou 8, significa que é ambicioso e muito exigente consigo mesmo, tendendo a exigir demasiado de seu corpo. Você se dá relativamente bem com o seu corpo, apesar de não entendê-lo muito bem. Seu jeito impaciente provoca freqüentes atritos com as pessoas e com as circunstâncias.

A escolha dos números 3 ou 6 implica que deflagra uma guerra contra seu corpo. É provável que você seja, em geral, um pouco repressivo ou autoritário. Ainda que isso lhe permita atravessar as situações de crise batalhando, você não poderá agüentar por muito tempo a tensão interior e exterior. Há acidentes, doenças e infelicidades a caminho. Aqueles que o rodeiam se opõem à pressão que você tenta exercer. É melhor selar a paz com o seu corpo, antes que seja tarde demais.

Se escolheu os números 4 ou 9, seu enfoque de vida é equilibrado e você se dá bem no dia-a-dia. Mas não devemos esquecer que o corpo e o espírito desempenham funções diversas. O corpo é mais guiado por hábitos inconscientes, ele dá a tônica e sustenta o processo vital. A tarefa do espírito é a de tomar as resoluções conscientes e resolver problemas externos. Quem confiar demasiado em hábitos estabelecidos, terá dificuldades em se adaptar ao meio.

Ouvir o corpo

Em nossa era eletrônica, foram inventados todos os tipos de aparelhos para explorar a resistência da pele, as ondas cerebrais, o sistema nervoso, etc. É significativo que algumas das descobertas mais surpreendentes nesta área tenham sido feitas por uma cientista. A bióloga Barbara Brown teve o suficiente dom de entendimento e de intuição para discernir interligações mais sutis. Ela cunhou a palavra "*biofeedback*", que significa algo parecido com "influência múltipla e transformadora da consciência e dos processos biológicos"[45]. Em suas pesquisas, ela escutava o corpo e o inconsciente com os mais recentes aparelhos. E, ao fazê-lo, descobriu que o corpo espiritual está equipado de milhões de ínfimos transmissores e receptores. E que estes funcionam quase incessantemente, sendo possível detectar alguns de seus sinais até mesmo sem ajuda técnica. Mas a maioria das pessoas perdeu a faculdade de se entender com o próprio corpo. Principalmente nas sociedades ocidentais, as pessoas são educadas de modo a ignorar os sinais emitidos pelo corpo e pelo inconsciente. Subjugar o corpo é considerado até como sinal de virtude.

Barbara Brown comprovou que esses hábitos opressores podem ser novamente abandonados pelos métodos do *biofeedback*. Pode-se neutralizar em grande parte as influências culturais negativas. Espera-se que as pessoas "civilizadas" desde a mais tenra infância reprimam os seus sentimentos e que ignorem os outros apelos do corpo. Por isso há tantos neuróticos, indecisos e tímidos, ao passo que outros desenvolvem tendências agressivas, lutando continuamente contra inimigos ou obstáculos imaginários. Uma atmosfera de conflito e medo envolve a humanidade moderna, em parte devido ao fato de as pessoas já não se sentirem familiarizadas com o próprio corpo.

Quando existem conflitos entre corpo e espírito, ou entre consciente e inconsciente, tendemos a atribuir a culpa ao corpo ou ao inconsciente. Isso é em parte decorrência de nossa cultura e em parte por todos pensarem com o consciente. O consciente tende a se considerar benéfico e a rejeitar tudo o que se lhe oponha no corpo ou no meio ambiente. O inconsciente é considerado infantil, cego ou demoníaco, e o corpo desempenha o papel de máquina rebelde. No entanto, as pesquisas de Barbara Brown comprovaram que a atividade espiritual não-consciente por vezes está mais próxima da realidade do que a consciente. Observa-se freqüentemente que o consciente é considerado culpado, conhece que ele é imaturo e arbitrário. Até a psicanálise e a psicoterapia estão imbuídas em ampla medida da tarefa de nos proteger contra essa cognição e de domar o inconsciente rebelde, em vez de aprender por seu intermédio.

Podemos aprender a ver o outro lado da medalha, em geral oculto ao consciente, pelos métodos do *biofeedback*. Muitas vezes os sinais procedentes do corpo são os verdadeiros mecanismos de sobrevivência do ser, enquanto nossas regras de jogo intelectuais e sociais representam simplificações grosseiras, que não fazem jus ao mundo real. Em vez de sufocar os sinais do corpo com tranqüilizantes, álcool ou outras drogas, ou de nos livrarmos deles esclarecendo-nos junto a psicólogos, conselheiros ou sacerdotes, podemos selar a paz com o corpo e nos sentirmos confortáveis no mundo. Infelizmente, os bons aparelhos de *biofeedback* são caros e só podem ser utilizados com êxito sob a direção de profissionais. Mas, o corpo humano possui inúmeras normas que podem ser utilizados como *biofeedback* sem que se recorra a quaisquer instrumentos; é necessário, unicamente, desenvolvermos a devida sensibilidade. Já há vários livros contendo indicações práticas relativas ao tema de como tornar-se consciente do corpo.

A linguagem simbólica do "eu interior"

Um outro método de pesquisa de processos não-conscientes da alma é a linguagem dos sonhos. Essa arte foi cultivada em todas as culturas antigas, e muito mais tarde Freud a desenvolveu como base de sua psicanálise. Apesar de as descobertas de Freud terem sido de grande relevância em sua época e de, em parte, ainda o serem, hoje sabemos que a sua interpretação do inconsciente é unilateral e distorcida. A maior parte dos psicanalistas considera o corpo um mecanismo primitivo, e o espírito inconsciente, um inimigo astuto da seriedade e da ordem. Por esse motivo buscam sinais de doença e de neurose nos sonhos, em vez de interpretar os símbolos de modo construtivo, como parte de um universo.

Qualquer pessoa pode desenvolver a capacidade de interpretar sonhos. O importante é anotá-los logo após acordar. Lápis e papel devem, portanto, estar à mão, pois cada movimento do corpo contribui para a destruição da trama do sonho. Então descobrimos que sonhamos mais do que havíamos suposto anteriormente. Devemos ler algum livro que explique os símbolos do moderno significado dos sonhos. Os velhos livros de séculos precedentes também são divertidos, porém menos úteis. Logo desenvolvemos uma certa percepção do significado básico das imagens. A fonte, por exemplo, é um símbolo da força vital, a casa significa aconchego. A luz do dia significa o pensamento consciente, o luar indica o lado sentimental, um animal feroz chama a atenção para algum perigo, etc.

Cada sonho expõe o "outro lado" da vida, que o espírito consciente não pode ou não quer ver, no estado de vigília. Tudo aquilo que, durante o dia, se ignora ou reprime, no plano consciente, aparece em forma de símbolo durante o sono, enquanto o guardião (o consciente) dorme. A função de guarda e de filtro exercida pelo consciente também tem seus lados benéficos, pois as impressões vindas de fora não devem ser acolhidas indiscriminadamente. Contudo, sua função de guardião terá efeitos prejudiciais se fatores relevantes ou de importância vital forem ignorados. O eu interior então tenta explicar-se inconscientemente a seu modo, por imagens, por meio do sonho.

Além disso, as pessoas criativas em todos os setores da vida conhecem o fenômeno das imagens espirituais que correm paralelas com os pensamentos. Quando, por exemplo, pensamos em alguém, surge-nos simultaneamente uma imagem no espírito, exprimindo simbolicamente nossos próprios sentimentos a respeito dessa pessoa. Quando, ao pensarmos em *Wolfgang,* nos aparece a imagem de um pacífico urso, sentimos que Wolfgang é uma pessoa agradável. Se, ao pensarmos em outra pessoa, nos aparece a imagem de uma nuvem pressagiando chuva, nossas sensações a seu respeito estão nitidamente descritas. Tal simultaneidade de mundos de pensamento e de sensações acontecem com uma pessoa quando o seu eu interior e o exterior estão bem sintonizados — o que indica uma harmonia entre forças yin e yang em todos os setores da vida. No Oriente até mesmo os sábios conscientizam-se de seus sonhos, podendo inclusive intervir em seu curso. Quando isso ocorre, eles estão literalmente "com a mão na massa", isto é, suas mãos se movem no primeiro plano do sonho.

Mas para os simples mortais é suficiente entender os sonhos e atuar de acordo com eles no dia seguinte. Experiências típicas de sonhos são as quedas, o ver-se nu, o ato de voar. A queda é o oposto da ascensão e chama a atenção para o fato de que se teme alguma espécie de "recaída". Acreditamos conscientemente que estamos escalando os degraus do sucesso na vida, porém inconscientemente já antevemos um escorregão. Deveríamos então chegar à conclusão da necessidade de escalarmos com maior cautela, de modo a termos certeza dos nossos progressos.

Aparecer nu entre pessoas vestidas no sonho significa uma sensação de sermos "despojados" ou transparentes. Ao passo que durante o dia acreditamos causar boa impressão aos outros, inconscientemente já captamos a verdadeira situação, expressa nos sonhos. Se, ao contrário, sonhamos estar suspensos ou alçando vôo, isso provavelmente traduz que certos esforços foram compensatórios e que estamos agora diante de um período agradável e de sucesso. Por outro lado, quando nos visualizamos tendo sucesso durante o dia, ainda que isso não corresponda à realidade, podemos nos deparar em sonhos com uma criatura sem dentes ou mãos, simbolizando nossa própria condição.

Os cientistas descobriram que sonhar parece ter uma função de importância vital, a da compensação. Em suas experiências, verificaram que aqueles cujos sonhos são sempre interrompidos, por acordarem repetidas vezes, logo perdem o equilíbrio, dando mostras de doença mental.

Ficar em forma

Um discípulo zen que não conseguia superar seus conflitos interiores dirigiu-se a seu mestre e disse: "Segui todas as regras e mesmo assim não consigo alcançar a harmonia interior. Que posso fazer para acalmar o meu espírito?"

"Coloque o seu espírito aqui, sobre a mesa, para que eu o possa aquietar." E o discípulo se iluminou com a rapidez de um raio, e despediu-se do mestre, agradecido.

Onde está a fronteira entre espírito e corpo, na qual se encontram o consciente e o inconsciente? Será que alguém pode estar espiritualmente bem se seu corpo está desordenado? Será que alguém pode estar "com os nervos abalados" e, ao mesmo tempo, em plena forma física?

Segundo os ensinamentos ocidentais, o espírito pode existir independentemente do corpo. Schiller dizia que "é o espírito que forja o corpo". Por que será que Schiller morreu antes de completar quarenta anos? Há séculos que se tem consciência da unidade do espírito e do corpo no Oriente, onde as pessoas se esforçam para cultivar a harmonia entre ambos. O espírito é sentido principalmente como yang e o corpo, como yin, ainda que essas características estejam em contínua mutação, integradas no jogo dinâmico da interação. Aquele que deseja permanecer espiritualmente em forma, precisa também manter o corpo em forma, e vice-versa. Quando uma parte sofre, a outra também sofrerá.

Em nossa era tecnológica, a maior parte das pessoas realiza pouco trabalho físico. Além disso, é muito grande a tentação de comer demais e de modo pouco saudável. Certa vez, um famoso médico holandês afirmou haver encontrado o segredo da saúde e da força vital. Porém, o manuscrito selado que deixou sobre esse tema só deveria ser aberto após a sua morte. Quando ele finalmente foi aberto, deparou-se com a seguinte frase na primeira página: "Coma menos e movimente-se mais". As demais páginas estavam em branco. O que o astuto médico quis dizer é que a maior parte das doenças da atualidade provêm direta ou indiretamente do excesso de comida e da falta de movimentação. Essa realidade foi comprovada pelas pesquisas científicas modernas.

A maior parte das pessoas não estão conscientes do pouco que fazem para manter-se em boa forma física. Quase todos os programas de aptidão física incluem alguma coisa artificial ou forçada, requerem esforços e não são divertidos. Ao realizá-los, o homem sente-se como Sísifo, da mitologia grega, condenado a empurrar blocos de pedra morro acima, para eles sempre rolarem novamente encosta abaixo. Até os mais eficazes exercícios físicos malogram depois de certo tempo, simplesmente porque as pessoas têm "coisas mais importantes a fazer". Mas há um exercício realmente divertido, que será descrito mais adiante. As crianças o fazem espontaneamente, recordando aos adultos a sua infância. Bastam alguns minutos diários para nos mantermos esbeltos, rejuvenescidos e espiritualmente jovens.

Será que precisamos realmente desses exercícios? Movimentamo-nos bastante durante o dia, vamos ao trabalho ou nos ocupamos em casa. Nossos antepassados realmente faziam bastante movimento físico dessa maneira. Trabalhavam na agricultura ou faziam trabalhos manuais, carregavam fardos pesados, cortavam lenha e andavam vários quilômetros por dia. As mulheres trabalhavam no jardim, lavavam roupa à mão, batiam tapetes, etc. Hoje em dia, porém, há apenas poucas pessoas que se movimentam o suficiente a cada dia.

É bem provável que vocês não sejam trabalhadores das florestas, nem lavadeiras. Vocês fazem parte do número cada vez maior de pessoas que passam a maior parte do tempo sentadas — em casa, nos meios de transporte ou diante do aparelho de televisão. O corpo humano não suporta muito bem a postura sentada. Ele vai decaindo lentamente quando falta um movimento enérgico todos os dias. Envelhece antes do tempo, e isso se exterioriza de modo diferente nas diversas pessoas.

A falta de movimento contribui para o enfarte cardíaco, o derrame cerebral, a diabetes, a artrite, os problemas circulatórios, nervosos, etc. Há acúmulo de gordura nos tecidos, nas veias, em volta do coração e dos outros órgãos. A circulação torna-se mais difícil, a respiração mais superficial, o metabolismo é obstruído e o espírito perde a sua vivacidade. Tudo isso, como é natural, também se reflete desfavoravelmente no aspecto físico. Aquilo que chamamos de "boa aparência" depende bastante da condição de nossa pele, de nosso cabelo e de nossos dentes — além da nossa postura e saúde em geral.

Nadar, andar de bicicleta e a pé pode manter o corpo jovem, e a ginástica também ajuda. No entanto, o que o corpo precisa, antes de mais nada, é de treinamento diário; é necessário um esforço grande e contínuo, que provoque a transpiração. Quando só se exigem esforços esporádicos e irregulares de um corpo mal-condicionado, isso tem efeitos maléficos.

Chegamos agora ao exercício já mencionado, de que as crianças tanto gostam e que nos conserva esbeltos e fisicamente aptos, sem esforço. É tão antigo como a humanidade e chama-se dançar, ou simplesmente pular. A expressão de alegria tão comum entre as crianças, também acontece entre os adultos, que por vezes dançam espontaneamente de alegria. Principalmente as meninas pequenas, com freqüência iniciam uma espécie de dança, de passo duplo — direita-esquerda, esquerda-direita — com suas companheiras nas ruas, quintais, no campo ou mesmo em casa. Muitas vezes também os adultos se sentem impelidos a fazer esse movimento, mas eles não querem ser vistos, a não ser nas pistas de dança.

A dança desempenha uma função central em todas as culturas antigas. Dançava-se pelo divertimento em si ou então por motivos cerimoniais ou religiosos. A maioria dos acontecimentos sociais importantes eram impensáveis sem a dança. Mesmo nos primórdios da era cristã, dançava-se nas igrejas após o culto ao divino. Pouco a pouco, foi se difundindo nas culturas ocidentais a mentalidade bíblica inimiga do corpo, e a Igreja chegou até a proibir qualquer tipo de dança durante algum tempo[46]. Hoje em dia passamos novamente a dançar nas discotecas, para nos extasiarmos ao som de uma música em alto volume, ou simplesmente para desabafar. Apesar disso, a nossa cultura ainda não reencontrou o contato com o corpo e com o ritmo musical.

Mas o indivíduo tem a oportunidade de expressar sua alegria através do movimento rítmico, seja com um parceiro, seja sozinho. As pessoas que dançam aparentam ser mais jovens, pois sentem-se realmente mais jovens. Descobriram um método para permanecer em boa forma física e espiritual sem fazer força. Enquanto, após outros exercícios, as pessoas se sentem muitas vezes algo frustradas ou tensas, a dança aumenta a alegria de viver. E podemos ir além: dar pulinhos a qualquer momento e em todos os lugares. Não precisamos de instrumentos ou de roupas especiais. Não precisamos sequer aprender passos de dança específicos, é só improvisar; e a melhor maneira de fazê-lo é ao som da música vibrante da dança popular.

Em épocas recentes recomendou-se o *jogging* (a corrida a pé) como meio geral de cura; correr é, realmente, uma coisa sadia. Mas alguns médicos consideram isso perigoso, pois conduz facilmente à sobrecarga do corpo (sobretudo das articulações das pernas e dos vasos sanguíneos.) Nesse sentido, a dança é mais amiga do corpo e requer menos esforço. Dançamos com movimentos harmoniosos, sem forçar o corpo.

Todo o organismo é agradavelmente estimulado e ativado pelos malabarismos rítmicos. Toma-se muito fôlego, e o ar reaviva os pulmões. O coração e os vasos sanguíneos tornam-se novamente elásticos. Os músculos se enrijecem, principalmente em volta da barriga. As toxinas, acumuladas em certas partes do corpo, são eliminadas pela pele e pelos pulmões. Os membros adquirem nova mobilidade e força.

Dependendo do condicionamento, é comum que se notem ainda outros efeitos benéficos. A coluna é fortalecida, problemas de disco são evitados. A pele elimina as impurezas e se torna mais bonita. Tecidos frouxos embaixo dos braços, da barriga e das nádegas se enrijece ou até desaparecem. Os pés chatos ficam mais arqueados. O espírito é vivificado pela oxigenação do cérebro. Há uma sensação geral de maior bem-estar e autoconfiança. Em geral, é melhor dançar ou saltitar em casa, com a janela aberta, ou no jardim. Porém, pode-se também fazê-lo quando se está a caminho do local de trabalho ou lá mesmo. Principalmente os que trabalham em escritórios não deveriam ficar sentados horas a fio, mas interromper o trabalho e dedicar alguns minutos ao movimento. Firmas japonesas de sucesso instituíram a prática de exercícios físicos em grupo como parte da rotina diária, fato que provou ser compensador para a firma.

Não se necessita de muito espaço para saltitar; se for preciso, pode-se pular em círculo ou em volta da mesa. Quando há muito pouco espaço à disposição, sempre é possível dançar no mesmo lugar, e para isso um metro quadrado já basta. Mas é melhor começar com muito espaço para movimentar-se, até adquirir prática.

Os momentos antes do café da manhã e do jantar prestam-se especialmente a esse exercício, e, se possível, devíamos repousar, depois de realizá-lo, durante alguns minutos. Quem não estiver em plena forma física, o que atualmente já é considerado "normal", deve acostumar-se paulatinamente com essa rotina, durante algumas semanas. O corpo em pouco tempo adquire força e resistência, e consegue-se então dançar ou pular com prazer por mais tempo. Quem tiver problemas cardíacos ou alguma outra doença deve primeiro pedir orientação médica. De modo algum se deve forçar o corpo ou impor-lhe a dança. Se, após trinta segundos, você se sentir exausto, pare e dê ao corpo a oportunidade de recobrar lentamente as forças durante as próximas semanas. O corpo faz isso por si só, e depois de pouco tempo já se constata com surpresa uma diferença. Após um ou dois meses, já estaremos outra vez em forma, e poderemos dançar sem esforço durante dez ou vinte minutos. Os cientistas constataram ainda que o corpo precisa de pelo menos doze minutos de movimentação forçada (até transpirar) para continuar sadio.

A princípio você pode improvisar passos de dança simples em seu exercício diário. Logo terá vontade de mover também os braços e as pernas, conforme a disposição, e girar a coluna, acompanhando o ritmo. O principal objetivo do exercício é permitir que o corpo também faça aqueles movimentos que normalmente seria incapaz de fazer. Logo você descobrirá que esses movimentos lhe proporcionam um prazer todo especial, pois os músculos não utilizados poderão finalmente funcionar. Como já mencionamos, as músicas mais apropriadas são as populares bem ritmadas. Porém, dependendo da situação também se pode dançar sem música.

Mobilidade

Os ensinamentos orientais sempre enfatizaram o significado da flexibilidade e da elasticidade. Em seu *Tao-te king,* Lao-tsé afirma que os seres vivos são flexíveis e se enrijecem na morte. Viemos ao mundo flexíveis, e o deixamos rígidos. Nas artes orientais, como o judô e o caratê, a flexibilidade é considerada uma qualidade essencial.

Aquele que se movimenta com flexibilidade, como um chorão, vence mais vezes do que quem confia na força, semelhante ao carvalho. É preciso que se saiba retroceder e cair antes de poder obter verdadeiro sucesso no ataque.

Na antiga Índia, os iogues consideravam a coluna vertebral flexível como uma condição prévia à saúde física e espiritual. Vários exercícios de ioga foram especialmente elaborados com esse objetivo. Até os nossos astronautas modernos praticam diariamente ioga quando precisam passar vários dias numa nave espacial. Os médicos comprovaram que, após quarenta e oito horas, começamos a perder a mobilidade. Sabemos através da própria experiência que as nossas articulações se tornam rígidas e os nossos músculos ficam fracos quando passamos apenas alguns dias de cama.

Sob vários aspectos, o homem moderno vive como um astronauta. Passa quase o dia inteiro em casa, no carro ou sentado no trabalho, com os olhos cravados em instrumentos ou papéis. Até aqueles cujo trabalho é mais físico muitas vezes não se movimentam com desenvoltura. Sua rotina normal exige determinada sobrecarga em certas partes do corpo, enquanto outras são muito pouco exercitadas. Ainda que se encontrem mais pessoas com colunas rígidas em escritórios do que nas fábricas ou entre as donas-de-casa, quase todos poderiam tirar proveito dos exercícios descritos a seguir. Eles exigem somente cerca de três minutos e podem ser facilmente incluídos na rotina diária.

1 — Quando passar mais de meia hora sentado, movimente de vez em quando a cabeça e a nuca, incline a cabeça bem para baixo, depois bem para trás, para a direita e para a esquerda, até a altura do ombro. Depois, gire a cabeça num amplo círculo, primeiro para a direita, depois para a esquerda. Repita a série de exercícios umas três vezes.

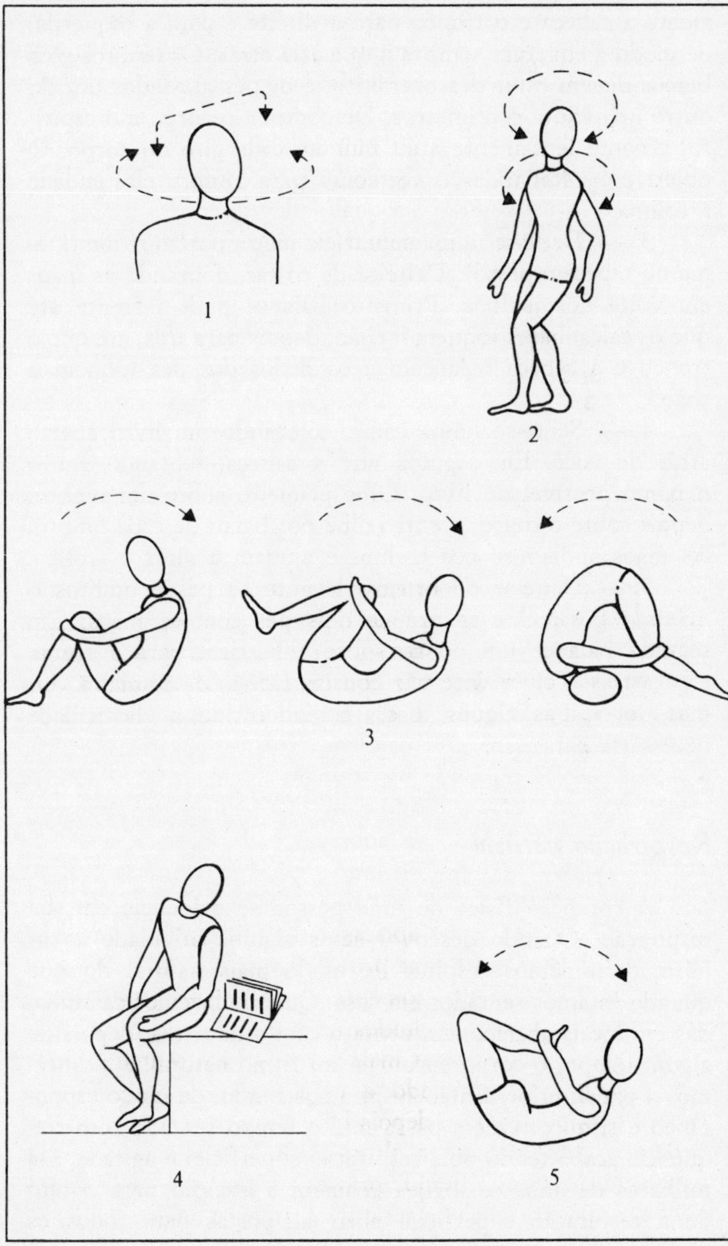
1
2
3
4
5

2 — Fique em pé com o tronco reto e gire alternadamente a cabeça e o tronco para a direita e para a esquerda, de modo a enxergar sempre o que está atrás. Os ombros e os braços devem estar descontraídos, e os pés afastados um do outro uns trinta centímetros. Descontraia o corpo e o espírito, e conte lentamente até "21" em cada giro do corpo. O objetivo é soltar todas as vértebras, para conferir elasticidade à coluna.

3 — Deite-se numa superfície macia porém firme (grama ou tapete espesso). Deite-se de costas, dobrando as mãos em volta dos joelhos. Primeiro balance para a frente até que os calcanhares toquem o chão, depois para trás, até que o tronco e a cabeça balancem e os dedos dos pés toquem o chão.

4 — Sente-se numa cama, colocando um livro aberto atrás de você. Em seguida gire a cabeça, tentando ver o máximo possível do livro. Olhe primeiro sobre um ombro, depois sobre o outro, e então olhe por baixo de cada ombro. As mãos apóiam-se nos joelhos e ajudam a girar o tronco.

5 — Deite-se de bruços, levante os pés e ombros o máximo possível e segure os dois pés com as mãos. Em seguida balance um pouco sobre a barriga, para a frente e para trás. Talvez você não consiga fazê-lo da primeira vez, mas, logo após alguns dias, terá adquirido a elasticidade necessária para isso.

Respiração natural

A condição física de uma pessoa se evidencia em sua respiração. Quando desenvolvemos alguma atividade ao ar livre, costumamos respirar de modo mais natural do que quando estamos sentados em casa. Quando fazemos caminhadas em locais abertos, em contato com a natureza, depois de algum tempo, o corpo encontra um ritmo natural, e alcançamos a paz interior. Então respiramos fundo, de modo espontâneo e rítmico. Quem passa muito tempo sentado com freqüência acaba tendo uma respiração superficial e agitada. Há milhares de anos os iogues chamam a atenção para o fato de a respiração superficial abrir as portas para todos os males físicos, nervosos e espirituais. Eles avisam particularmente que não devemos ter o hábito de respirar pela boca, a não ser em casos de emergência. Os exercícios de respiração constituem uma grande parte da hataioga.

Cada inspiração deveria começar na parte inferior do pulmão, próximo ao ponto de gravidade, no meio da barriga. Pessoas nervosas respiram a partir do meio do peito. Quando perdem completamente o contato com a vida dentro de si mesmas, ficam ofegantes — é como se os ombros se sacudissem e os nervos das costas e do rosto ficassem tensos.

A freqüência da respiração depende da idade, assim como do sexo e do estado dos pulmões. Em geral, as mulheres têm pulmões menores e por isso respiram mais depressa. A maioria dos adultos saudáveis têm uma freqüência de cerca de quinze respirações por minuto, quando em repouso. No entanto, o ritmo ideal é mais pausado, com cerca de oito inalações por minuto. A respiração correta ressalta a expiração lenta. A inspiração decorre então de forma espontânea, depois que os pulmões se esvaziaram. Um método simples que estimula o hábito de respiração natural e o equilíbrio espiritual se denomina *pranayama:*

Sente-se comodamente e feche os olhos. A coluna vertebral deve estar relativamente reta, para que os pulmões não sejam comprimidos. As pernas devem estar dobradas, com os pés bem próximos ao corpo. Relaxe agora brevemente, dos pés à cabeça. Expire lentamente pela narina direita, fechando a narina esquerda com o dedo do meio da mão direita, até que o pulmão esteja vazio. Deixe o ar fluir novamente para dentro de modo espontâneo, sem ajudar conscientemente. Assim que o pulmão estiver novamente cheio, feche a narina da direita com o polegar da mão direita, e expire pela narina esquerda. Repita esse ciclo durante uns cinco minutos, e troque a posição dos dedos cada vez que os pulmões estiverem cheios. (Tenha um lenço à mão para limpar as narinas obstruídas.)

Logo você descobrirá que esse exercício tão simples faz um enorme bem ao corpo e ao espírito. Quando se pratica diariamente *pranayama* (antes das refeições), logo surge uma sensação de quietude interna e de estabilidade. Principalmente em casos de doença, você pode conduzir as suas inerentes forças curativas às partes enfermas do corpo. Imagine simplesmente o órgão em questão de modo claro, em cores vivas, e permita que a cada expiração um fluxo de cálida energia terapêutica flua através do tecido doente. Imagine o órgão sadio, com a plena esperança de que ele logo voltará a funcionar normalmente.

No mundo "civilizado" de hoje, passamos muito tempo em quartos fechados, escutando de modo passivo, vendo televisão ou lendo. Desse modo adquirimos facilmente hábitos de respiração pouco sadios. Raramente fazemos pleno uso de nossos pulmões, e o menor esforço nos deixa sem fôlego. Além disso, inclinamo-nos a prender a respiração ao nos concentrarmos em algo. É provável que isso seja causado por um instinto que nos mantém quietos e nos permite evitar ruídos quando há ameaça de perigo, para que possamos ver e ouvir melhor. Assim que passa o perigo, voltamos a inalar aliviados, continuando assim a respirar aos solavancos (rindo).

O hábito de inspirar de modo ativo e consciente está sempre relacionado a um enfoque demasiado temeroso da vida. Quem desejar desenvolver um ritmo de respiração normal e profundo deve tentar ressaltar a expiração. Não é à toa que expiramos ao rir, ao passo que o medo repentino nos faz inspirar.

Do ponto de vista ecológico, a expiração não é apenas importante para o homem, como também para o mundo das plantas que o cerca. Todas as plantas e árvores precisam do gás carbônico expirado pelos homens e pelos animais, assim como nós precisamos do oxigênio produzido pelo mundo das plantas. Se nos tornássemos mais conscientes dessa inter-relação, poderíamos libertar-nos de nosso enfoque inimigo da natureza e de nossa mentalidade exploradora, tão difundida entre as culturas ocidentais.

Uma coluna vertebral forte

A coluna vertebral é o suporte central do corpo; literalmente, "tudo está preso a ela". Hipócrates, fundador de nossos ensinamentos médicos, já dizia: "Ao examinar um doente, deve-se primeiro verificar a condição de sua coluna vertebral". Pela postura da cabeça ao se mover sobre a coluna pode-se inferir a condição espiritual de uma pessoa. As vértebras constituem um complicado sistema de veias e cartilagens interligadas, e são obrigadas a agüentar muita coisa no dia-a-dia. Algumas sobrecargas súbitas ou unilaterais do corpo podem proporcionar uma tensão excessiva sobre certas vértebras, causando doenças da coluna ou dos discos.

O corpo é constituído de tal maneira que pode agüentar cargas durante anos a fio — enquanto a coluna vertebral permanecer em forma por meio de constantes exercícios regulares. Isso geralmente ocorre entre pessoas que vivem em contato com a natureza e que se movimentam muito. Durante milhares de anos a humanidade viveu de modo relativamente natural. Ainda há cem anos quase se desconheciam os problemas de coluna entre os nossos antepassados. Hoje, entretanto, quase todos reclamam de alguma dor nas costas num momento ou outro, e nos países industrializados milhares de pessoas são consideradas incapacitadas para o trabalho pelo resto de suas vidas. Geralmente os médicos explicam que se trata de determinados sintomas de deterioração com os quais é necessário conviver.

Quando uma coluna vertebral já está enfraquecida ou prejudicada pela falta de exercícios, por sobrecarga de um só lado ou por uma alimentação pouco sadia, só muito raramente pode ser curada pelos métodos da medicina. Os sintomas dificilmente podem ser detectados de fora; por meio de raios X o diagnóstico é ainda mais difícil, e, em conseqüência, muitas vezes a terapia não surte efeito, ou até mesmo é prejudicial. Em geral, os coletes e as operações causam uma piora das condições. Portanto, aqueles que desejam evitar problemas nas costas, devem preveni-los pela prática de movimentos equilibrados diários e uma alimentação sadia.

Uma maneira muito efetiva de habituar-se a exercícios equilibrados é o método Alexander. Entre os milhares de pessoas que muito se beneficiaram com esse método, citamos Aldous Huxley e George Bernard Shaw. Muitos médicos recomendam essa terapia no tratamento de vários tipos de doenças — desde a úlcera de estômago até a dor de cabeça. Até os problemas de visão, diabetes e pés chatos sofrem uma influência benéfica pelo método Alexander. Este consiste principalmente no combate aos maus hábitos da vida civilizada. O homem moderno tende a andar o dia todo com a coluna inclinada e tensa. Especialmente a tensão na nuca acarreta diversas conseqüências indesejáveis.

Ainda que o método se baseie nesta idéia simples, é preciso um longo treinamento para realmente dominá-lo. Para chegarmos a ser professores, é preciso estudar durante dois anos numa das escolas Alexander, de Londres.

Podemos, entretanto, aprender o método em ampla medida apenas através da leitura do livro *Die Alexander Methode* (O método Alexander), de F. Riemkasten[47]. O principal segredo é "estender" a coluna, de modo que a cabeça flutue, por assim dizer, lá em cima, como se estivesse pendurada por um fio. Em vez de andar sempre com a cabeça inclinada para a frente, caminha-se agora como um monarca.

Quem entender o segredo do método Alexander e o empregar na prática, notará uma surpreendente melhora

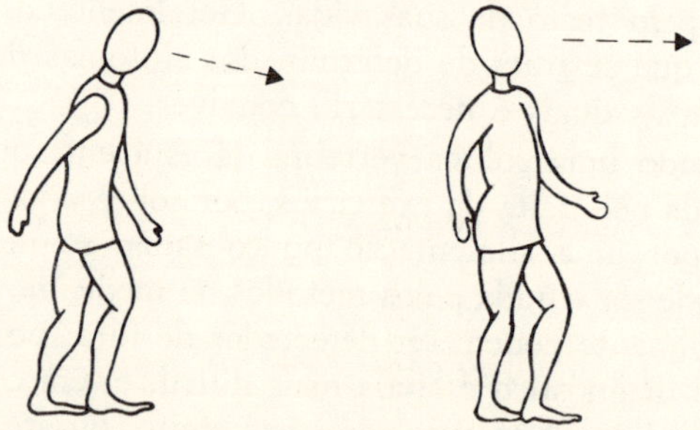

antes *depois*

tanto em sua postura física como espiritual. A vida, em todos os seus aspectos, começa a se desenrolar em outro nível. Enquanto antes cada dia representava um esforço, e todos os detalhes precisavam ser conduzidos conscientemente, de agora em diante a vida é vivenciada como uma experiência alegre. Uma sensação de bem-estar perpassa o corpo inteiro, e as preocupações desaparecem de modo misterioso. A respiração torna-se mais espontânea e profunda, os problemas se solucionam com mais facilidade, e o mundo inteiro aparece sob uma luz mais favorável. As dores nas costas ou outros padecimentos desaparecem totalmente ou em parte. Os exames demonstraram que aqueles que praticam o método Alexander durante um período mais longo quase nunca adoecem, e têm maior esperança na vida. Esses resultados são comprovados através dos ensinamentos dos iogues. Estes acreditam que a energia vital flui através de grandes centros nervosos *(chakras)* ao longo da coluna vertebral, e que há um bloqueio desse fluxo quando existe uma anomalia nas costas, por estarem elas muito tensas ou arqueadas.

A fraqueza da musculatura dorsal e a má postura tornaram-se uma norma nas nações industriais modernas. Pode-se fazer uma leitura literal do "progresso" pelas estatísticas dos problemas lombares. Atualmente, na Alemanha, cinco por cento da população sofrem de sérios problemas na coluna, e centenas de milhares são parcialmente incapazes de se movimentar. A cada ano perdem-se milhões de horas de trabalho, e a cada ano o número de pessoas com problemas de coluna aumenta. Constatou-se, em 1952, que cinqüenta e oito por cento de todas as crianças dos Estados Unidos não passavam no teste de aptidão física Kraus-Weber. Nos países que naquela época eram relativamente pobres, como a Áustria, a Suíça e a Itália, a cifra era de nove por cento. Mas logo começou também nesses países a era da televisão, dos carros e das máquinas que facilitam o trabalho, e a porcentagem de crianças fisicamente fracas duplicou. Observações semelhantes foram feitas em outras partes do mundo.

Agora sabemos com certeza que a epidemia de problemas de coluna se deve à mecanização e à urbanização. Como de costume, os Estados Unidos conduzem o mundo nessa via rumo ao progresso. Mas nos últimos anos houve uma conscientização desse problema, e estamos tomando providências contra ele. Mesmo assim, ainda gostamos de nos referir à "média geral do país" para comprovar que a maior parte das pessoas é "completamente normal" e que não há nenhum motivo para preocupação. A média geral da população é, entretanto, calculada estatisticamente a partir da condição atual da população. Se, no entanto, nos baseássemos na situação por volta do ano 1990, teríamos um quadro catastrófico da saúde atual das pessoas.

A lista de doenças degenerativas causadas pela falta de movimento fica mais comprida a cada ano. Com seu repertório de remédios e aparelhos altamente desenvolvidos, os médicos encontram-se desamparados diante desses fenômenos. Além disso, há ainda o fato de na atualidade as pessoas apresentarem a tendência a andar de modo desequilibrado, sem um ritmo natural. Elas em geral caminham em ruas asfaltadas e são obrigadas a se mover como ratos acossados no meio do tráfego. Ao mesmo tempo, o barulho e a poluição do ar fazem com que elas se tornem nervosas. Há apenas cem anos, oitenta por cento de nossos antepassados viviam no campo, onde se moviam de modo natural, livrando-se de suas tensões por meio do trabalho corporal. Ao mesmo tempo, a sua alimentação condizia muito com mais natureza, o que permitia que desenvolvessem uma estrutura óssea sadia.

É interessante notar que a tensão nas costas também é prejudicial à visão. Assim que a nuca fica tensa, os músculos do rosto e em volta dos olhos também se distorcem. Poucos são os que se certificam de que os olhos funcionam melhor quando estão totalmente descontraídos, abandonados a si mesmos. Um oftalmologista de Nova York, o dr. Bates, desenvolveu um método genial para a descontração dos olhos. Milhares de pessoas readquiriram a sua capacidade normal de visão pelo método Bates. Problemas tais como miopia, hipermetropia, astigmatismo, estrabismo, e mesmo a catarata e o glaucoma, todos eles recebem uma influência benéfica. O famoso escritor Aldous Huxley, que por vezes não conseguia ler, mesmo com seus óculos de muitos graus, foi curado desse seu mal depois que um famoso oculista especializado considerou seu caso como "sem esperanças".

Como os olhos, na realidade, fazem parte do cérebro, uma melhora na capacidade de visão em geral exerce uma influência benéfica sobre todas as funções corporais. Os demais sentidos, assim como o tato, a audição, o olfato e o paladar, melhoram ao mesmo tempo. Até o metabolismo melhora. A capacidade de concentrar-se, a força da imaginação espiritual, a memória e todas as demais forças espirituais aumentam. No livro *Ohne Brille besser leben* (Viver melhor sem óculos), de minha autoria, descrevo a forma de aplicação desse método de modo a que seja entendido por todos com facilidade[48]. Há dois institutos nos Estados Unidos nos quais são formados professores do método Bates.

Alimentação balanceada

Os bilhões de células de que o corpo é constituído renovam-se em grande parte a cada seis a doze meses. Todos os anos recomeçamos, por assim dizer, a vida, e é formada uma pessoa nova. Habitualmente não estamos conscientes dessa mutação. Contudo, tão logo modificamos essencialmente nossa alimentação e hábitos de vida, a longo prazo notaremos nítidas transformações. Em poucos meses modificam-se o estado de saúde e a disposição espiritual. A qualidade de nossos pensamentos depende das diversas moléculas bem como do estado de nossos músculos e ossos. A unidade do espírito e do corpo não pode ser equilibrada enquanto a alimentação for unilateral.

Nas nações ocidentais cunhadas pelo monoteísmo quase não se dá importância a esse aspecto especial da alimentação. Acredita-se que "o espírito dirige o corpo" e que a matéria é dominada pelo espírito, ou que deveria sê-lo. Partindo dessa idéia, resulta então perfeitamente lógico que o céu é melhor que a terra, que o pai celestial é superior à mãe-terra e que os homens são melhores do que as mulheres.

No Oriente, entretanto, sempre se compreendeu melhor a inter-relação entre espírito e corpo. Por exemplo, nas feiras das aldeias chinesas e japonesas, os comerciantes oferecem verduras e frutas junto com produtos medicinais. Os remédios não são produzidos com substâncias químicas, nem tomados em forma de pílulas. Em vez disso, faz-se um chá de ervas medicinais, ou prepara-se uma sopa com nutrientes especialmente escolhidos. As refeições diárias são elaboradas com ingredientes que proporcionam força e saúde, os quais devem ser misturados com habilidade e experiência.

Além disso, uma boa refeição não é apenas uma combinação saudável de calorias, minerais e vitaminas, mas também uma obra de arte, composta de cores, cheiros, consistências e componentes equilibrados de sabor. É indispensável que os ingredientes sejam frescos e crocantes. Um bom cozinheiro utiliza, se possível, apenas legumes frescos, vindos diretamente da horta. O que nos é servido atualmente nos restaurantes chineses do Ocidente nem sempre corresponde a essas exigências. Os *gourmets* que viajam um pouco pelo mundo afora constatam que a cozinha chinesa e a japonesa superam todas as outras.

A maioria dos pratos chineses não são cozidos em panelas ou frigideiras normais, porém em *woks*. Trata-se de frigideirinhas cônicas, aquecidas em chama forte. Os ingredientes são normalmente cortados em fatias pequenas, jogados no *wok* já fervilhante, mexidos continuamente e cozidos apenas durante alguns minutos em chama forte. A refeição é então imediatamente servida, enquanto tudo está ainda fresco e aromático. Esse método proporciona não apenas refeições gostosas, como também economiza combustível e tempo. Os chineses sempre foram mestres na arte de economizar energia. É provável que o *wok* tenha sido inventado, em princípio, para poupar carvão. Depois descobriram que, devido à forma cônica, os ingredientes coziam em fogo lento, no próprio molho, sem queimar.

No Oriente atribuem-se características yin ou yang aos alimentos. Acredita-se, por exemplo, que a carne, os ovos e o sal favorecem as tendências agressivas das pessoas. Entre os produtos alimentícios yin estão o açúcar, as frutas, as batatas e os tomates, bem como o álcool. Quem ingerir esses alimentos em demasia torna-se excessivamente indolente e passivo. No meio, entre os dois extremos, estão os cereais, próprios, portanto, como alimento de base. O grão integral do arroz e do trigo, do centeio, da aveia, etc. provêm o corpo de quase todos os nutrientes necessários, dando-lhe energia bem equilibrada. Os trabalhadores rurais chineses, por exempo, podem viver do legendário "punhado de arroz", a que se acrescenta ainda habitualmente um pouco de verdura e de soja. Um trabalhador que comesse um punhado de açúcar e carne não viveria muito tempo e logo se cansaria no trabalho. Uma refeição que consiste principalmente em grãos oferece energia duradoura ao corpo e ao espírito. A maior parte dos tipos de verduras (predominância yin) e e o peixe (predominância yang) são ideais para completar a alimentação feita com cereais.

O leite e os seus derivados, como o queijo, quase não são ingeridos no Oriente; são considerados alimentos bastante caros e antieconômicos. Num determinado pedaço de terra pode-se, por exemplo, alimentar dez vezes mais pessoas plantando arroz, soja ou legumes do que criando gado. Por outro lado, os laticínios são evitados, por não serem considerados muito saudáveis. O leite de vaca é bom para os bezerros e o leite materno é bom para os bebês. Em todo o reino animal, é apenas na mais tenra infância que os filhotes precisam de leite. Alguns cientistas do Ocidente também chegaram à conclusão de que o leite não é tão sadio como se acreditou durante muito tempo. Crianças americanas que bebem leite demais tornam-se geralmente superativas e, ao mesmo tempo, espiritualmente lentas; sobretudo o seu desenvolvimento físico é ativado pelos hormônios[49].

Açúcar e carne são pouco usados no Oriente, em parte porque a carne é extremamente yang e o açúcar, extremamente yin. Na América, no entanto, estes dois alimentos já se tornaram quase essenciais no decorrer das últimas décadas. Até no norte da Europa, o cidadão médio já consome na atualidade cento e cinqüenta gramas de açúcar e duzentos gramas de carne por dia, o que, do ponto de vista oriental, só pode conduzir à degeneração espiritual e física. Cientistas ocidentais comprovaram através de inúmeros experimentos que a maioria de nossas doenças degenerativas e perturbações espirituais está direta ou indiretamente ligada à alimentação ocidental, que contém demasiada gordura animal e açúcar, e muito poucos cereais integrais e legumes. O conselheiro médico do governo dos Estados Unidos recomendou, em 1979, que a população limitasse o consumo de carne, gordura animal e açúcar e passasse a ingerir mais cereais, frutas, legumes, peixes e aves[50].

Num debate no Senado americano, um professor da Universidade de Harvard afirmou o seguinte: "Desejo frisar que há muitas provas de que a principal causa de morte e de doenças crônicas nos Estados Unidos tem algo a ver com os nossos hábitos alimentares. Nisso incluo todas as doenças das artérias e coronárias às quais se atribui quase a metade dos óbitos e, mais ainda, também a maior parte das formas de câncer, diabetes, obesidade e outras doenças crônicas"[51].

Portanto, a noção de que devemos comer muita carne, de que o açúcar nos proporciona a energia necessária e de que o leite nos mantém sadios não corresponde muito à realidade. Porém, essa idéia é mantida pelas hábeis campanhas publicitárias das correspondentes indústrias. Além disso, a maior parte dos produtos derivados da carne, como as salsichas, contêm mais gordura do que albumina, e o mesmo ocorre com a maioria dos queijos. Sorvetes, biscoitos, chocolates, refrigerantes e bebidas que incluem subprodutos da cola contêm grande quantidade de açúcar.

Há milhares de anos os povos do Oriente extraem a albumina dos grãos de soja. Os produtos da soja como o tofu, o misso, a carne, o leite e o molho de soja estão paulatinamente sendo acolhidos nos meios orientados para a saúde. Os grãos de soja contêm todos os aminoácidos e todas as proteínas de que o corpo necessita, ao contrário dos outros feijões, ervilhas ou lentilhas. Além disso, não contêm certos ingredientes tóxicos que se encontram na carne. O feijão de soja também contém lecitina e outras substâncias que mantêm o corpo e as veias elásticos, ao passo que a carne e a gordura animal causam o efeito oposto.

Muitas das doenças degenerativas modernas, perturbações psíquicas e até tendências anti-sociais, podem ser positivamente influenciadas por uma melhora dos hábitos alimentares. Já se concretizaram várias curas inesperadas por meio do jejum. O que não é de admirar, se lembrarmos que a alimentação da maior parte das pessoas hoje em dia já não é mais equilibrada e natural. Há milhares de anos as pessoas se alimentam de modo mais ou menos simples ou natural, e períodos de escassez eram considerados normais. Porém, no decorrer dos últimos cem anos, nos países industriais, começamos a ingerir "produtos alimentícios" elaborados com todos os tipos de ingredientes, corantes e conservantes artificiais, que extraem do corpo a sua energia vital.

Um exemplo clássico disso é o beribéri, doença constatada na China, pela primeira vez, na virada do século. Centenas de milhares de chineses foram subitamente acometidos por uma nova doença desconhecida dos médicos. Chamaram-na simplesmente "beri", da palavra chinesa que significa "fraco". A princípio aventou-se que a causa fosse um novo tipo de bactéria, pois a maior parte dos casos de doença foi observada nas proximidades das estações ferroviárias. Mas constatou-se que a verdadeira causa da doença era a recente introdução do arroz branco (polido) na alimentação. Os novos moinhos de arroz tiravam a casca externa (o farelo) do grão, que continha vitaminas e minerais vitais. Contudo, as pessoas julgavam que o novo arroz devia ser melhor, pois era mais branco e parecia mais limpo. Os comerciantes também preferiram esse novo tipo, por conservar-se durante mais tempo.

Os mesmos moinhos eram usados na Europa para produzir a farinha branca, e o tradicional pão integral foi pouco a pouco substituído, em algumas regiões, pelo pão branco. Porém, na Europa, o resultado não foi tão catastrófico como na China, onde as massas mais pobres alimentavam-se quase exclusivamente de arroz. Atualmente as pessoas mais bem informadas do mundo inteiro por certo sabem que a casca do grão integral contém nutrientes vitais. Algumas pessoas comem o farelo adicional, considerado como resíduo, ainda que não seja saboroso nem contenha o tão importante germe de trigo. No entanto, o farelo melhora, sem dúvida, a digestão, que muitas vezes é dificultada pela nossa comida civilizada, sem fibras.

Uma bênção de nossa civilização que, sem dúvida, deixa seqüelas é a enorme oferta de produtos alimentícios nos países mais ricos. Cada supermercado oferece milhares de coisas apetitosas de fácil preparação, às quais muitas pessoas simplesmente não podem resistir. O resultado é a obesidade e pessoas barrigudas. Passar alguns dias sem comer nada ou comendo pouco para aliviar o aparelho digestivo é algo que nem passa pela cabeça do consumidor atual. O fato é que períodos breves de jejum têm efeito muito benéfico na saúde da maioria das pessoas. Quem estiver doente ou fraco deve evidentemente primeiro pedir conselho médico. Para eliminar as impurezas do corpo, deve-se tomar muita água durante o jejum. Após o segundo dia, geralmente a fome desaparece, e há uma sensação de leveza e de clareza espiritual. Deve-se criar condições para poder descansar bastante e não fazer trabalhos físicos. Termina-se aos poucos o período de jejum, ingerindo apenas pequenas porções de alimentos leves. Nessa ocasião, poderíamos nos acostumar também a comer devagar, mastigando bem, para degustar cada colherada. Quem engole a comida, ou briga com os outros à mesa, prejudica a refeição e o corpo.

Para equilibrar realmente o corpo e o espírito, muitas pessoas têm de rever o seu posicionamento quanto às drogas de toda espécie. Entre elas estão o álcool, a nicotina, a cafeína, a cola, os remédios, a aspirina, os soníferos, o haxixe, o LSD, a cocaína, etc. As drogas desequilibram as forças autoreguladoras do corpo e substituem uma unilateralidade por outra. Quando, por exemplo, não se consegue dormir à noite, deve-se procurar as causas básicas do que está acontecendo antes de tomar um comprimido. Será que comemos demais à noite, ou estamos preocupados com algum problema que não pudemos solucionar durante o dia? Certamente nada há a objetar a um copo de vinho em boa companhia. Mas aquele que se vale da garrafa para esquecer os seus problemas emocionais deve ser advertido a tempo das más conseqüências disso. Do mesmo modo, não podemos resolver realmente as tensões internas por meio do haxixe, porém apenas acalmá-las superficialmente.

Em nossa civilização viciada em drogas, a semente do desequilíbrio espiritual e físico às vezes já está plantada até mesmo antes do nascimento — ou antes da concepção. Mulheres que bebem e/ou fumam apenas com moderação, muitas vezes têm filhos agitados ou com lesões cerebrais. A maioria das mulheres param de beber ou fumar quando descobrem que estão grávidas. Mas o mal, a essa altura, já pode ter sucedido. Mulheres que tomam remédios, tranqüilizantes, excitantes, drogas ou outras pílulas expõem o embrião ao mesmo perigo a que estão sujeitas. O problema pode ser ainda aumentado devido a uma alimentação pouco sadia durante a gravidez e a amamentação.

Algumas mães são anestesiadas durante o parto para evitar as dores. Não é raro que isso cause lesões cerebrais no bebê. O recém-nascido geralmente é lavado com sabonete desinfetante e colocado numa caixa de vidro esterilizada, o que pode provocar incontáveis males ao pequeno corpo e ao espírito [52]. O bebê é freqüentemente alimentado com leite de vaca ou leite artificial para liberar a mãe da função "humilhante" de amamentar. Esses leites são desprovidos dos mais importantes ingredientes imunológicos, promovem um crescimento rápido e, ao mesmo tempo, limitam o desenvolvimento espiritual. Observou-se que as crianças que continuam a tomar muito leite desenvolvem uma diferenciação sexual menor e em geral são menos sensíveis. Mais tarde, em sua vida, elas sentem a relação com o sexo oposto como simples amizade, e o erotismo torna-se apenas uma brincadeira [53].

Esses e outros hábitos alimentares fazem com que a humanidade moderna tenha a tendência de degenerar já a partir da primeira infância e da idade escolar. O consumo elevado de açúcar é o principal responsável por muitas doenças. No entanto, as pessoas bem informadas podem evitar todos esses perigos. Não é preciso que a vida seja um contínuo caminho para a decadência; ela também pode ser uma aventura prazerosa. A alimentação é a base da vida; é nossa interligação com a natureza, as energias cósmicas e o universo. Tudo depende de vivermos ou não em sintonia com essas forças.

11. A estrutura da vida

Interior e exterior

O que têm em comum os átomos, as amebas e as famílias de macacos? Todos apresentam certa estrutura yin/yang que também pode ser observada nos outros objetos e criaturas da Terra.

Basicamente, tudo tem um lado interior e outro exterior. Isso pode parecer demasiado evidente para ser sequer mencionado. Porém, como veremos, esse fato é muito significativo. Elétrons de grande rotação formam, por exemplo, uma espécie de invólucro protetor para os nêutrons, que compõem o núcleo em repouso. Também as amebas e os animais unicelulares são germes internos encobertos por um invólucro protetor. Num grupo errante de babuínos, as fêmeas e os filhotes são cercados por machos fortes que os protegem contra as feras.

O corpo humano está protegido pela pele, que é o maior órgão do corpo. Além disso, vivemos em casas que nos protegem do vento, das intempéries e dos invasores. Nas antigas cidades, o conjunto de casas era cercado de muralhas, e o país como um todo era rodeado de uma fronteira bem guardada.

Em cada um desses exemplos, determinadas funções cabem aos elementos exteriores e outras aos interiores. Ambas as funções são igualmente importantes para a sobrevivência do organismo. A superfície mantém afastadas as influências nocivas aos seres vivos, porém permite a entrada de substâncias de importância vital, como os alimentos, a água e o ar. Portanto, o invólucro precisa ser permeável, senão torna-se uma prisão. O elemento interno, por seu lado, transforma as substâncias recebidas em energia, mantém em funcionamento o processo vital e cuida da reprodução.

Por coincidência, ou devido às leis de analogia na natureza, essas funções exteriores mais importantes são, em grande parte, idênticas às do homem e da mulher, como também às funções conscientes e inconscientes. O elemento exterior sempre denota mais características yang, ao passo que o interior apresenta geralmente mais características yin. Vejamos mais de perto essa estrutura interna/externa da vida no exemplo do átomo, da ameba e do homem.

Já há algumas décadas sabemos que os elementos constitutivos do universo denominados átomos não são simplesmente grãozinhos de poeira sem vida. Na verdade, mal podemos imaginar algo mais vivo do que os elétrons a zunir em volta de um nêutron. Além disso, após a bomba atômica, ficou evidente o enorme potencial de energia que se encontra em cada átomo individual.

Albert Einstein, que dedicou sua vida ao estudo das leis naturais em seus âmbitos extremos, intuiu que o segredo da natureza devia estar no átomo. Apesar de sua mentalidade profundamente religiosa, ele não acreditava num Deus com forma humana. "Não posso levar a sério a noção antropomórfica de um Deus em pessoa", dizia. Esperava poder formular um "quadro teórico geral" no decorrer de sua vida, através do qual todos os fenômenos da física e da química pudessem ser concomitantemente explicados, ao mesmo tempo iluminando as forças transcendentes do nosso universo. Porém, nem ele nem os seus sucessores o conseguiram.

Nos estágios iniciais da evolução, nosso planeta era uma bola rotativa de gases de hidrogênio. O hidrogênio é o elemento químico mais simples, e cada átomo consiste apenas em um nêutron, em volta do qual o único elétron faz uma rotação. Portanto, é no átomo do hidrogênio que melhor se pode reconhecer a estrutura yin/yang da vida: um germe em repouso é envolvido e protegido por um elemento em movimento.

Os restantes noventa e dois elementos químicos, como o oxigênio, diversos gases, minerais e metais, desenvolvem-se posteriormente a partir do hidrogênio. Quando então se ins-

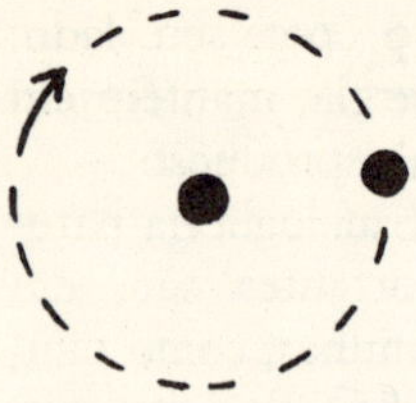

Átomo do hidrogênio

Outro átomo

tituem certas temperaturas e outras circunstâncias favoráveis, formam-se os aminoácidos. Esses, por sua vez, são o fundamento para o desenvolvimento da vida orgânica. O primeiro ser vivo a se desenvolver foi a ameba, um organismo unicelular. Todas as plantas e animais posteriores, incluindo o homem, têm que voltar seu olhar para trás, nos rastros que remontam à ameba, se quiserem encontrar seu antepassado remoto. A ameba é a "planta arcaica" da qual Goethe falava com tanta freqüência. O famoso biólogo Julian Huxley escreveu o seguinte: "Pois se o elemento do mundo, tanto a matéria como o espírito, forma uma unidade; se não há nenhuma lacuna na cadeia ininterrupta entre o raciocínio e o pensamento do homem adulto e do ovo do qual ele se desenvolveu, como também não existe brecha alguma na continuidade entre o homem e os seus primeiros antepassados pré-amebianos, nem muito menos entre os vivos e os mortos — por que então existiria o espírito, ou algo da natureza do espírito, individualmente, permeando todo o universo? Acredito que esta seja a verdade"[54].

Você alguma vez já viu um ser imortal? Se você observar uma gota de água tirada de uma poça qualquer com um bom microscópio, verá dúzias de minúsculos seres vivos que têm milhões de anos e que provavelmente viverão ainda outro tanto. Essas criaturas unicelulares se reproduzem pela divisão de células; portanto, sob condições favoráveis, são "imortais". Entre elas não há pais nem filhos, porém cada célula se divide em duas, das quais se originam mais duas, e assim por diante.

Nessas células únicas, ou amebas, podemos observar a estrutura de vida yin/yang em sua forma mais simples e pura. Uma membrana exterior (yang) protege um germe (yin) interior. Várias amebas podem se locomover igualmente com a ajuda de "pernas" primitivas. Outras têm "braços" com os quais se aferram às substâncias nutritivas, a fim de ingeri-las.

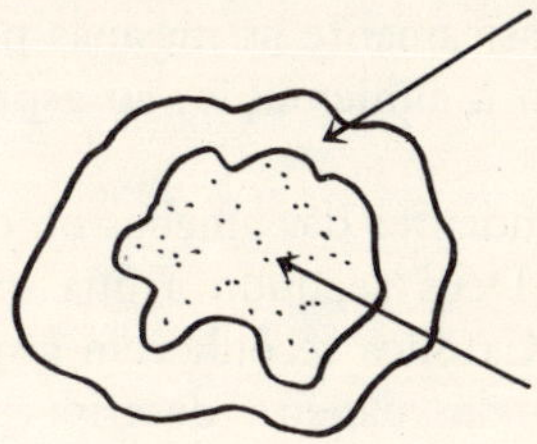

Ameba (muito aumentada)

O *invólucro exterior* protege o germe interior. Reage à luz, às substâncias químicas, às correntes elétricas, etc. Permite que as substâncias nutritivas ingressem e afasta as substâncias nocivas.

O *germe interior* transforma as substâncias nutritivas em energia e cuida de reproduzir-se. Nutre e renova o invólucro exterior.

O que é mais importante: o invólucro exterior ou o germe interior? Naturalmente a resposta é que ambos são igualmente essenciais à vida. Nenhum organismo pode sobreviver se uma ou outra função for negligenciada. Um equilíbrio sadio entre as funções interiores yin e exteriores yang é de vital importância para todos os seres vivos.

Animal superior

Os *órgãos exteriores* estão ligados ao meio ambiente através dos cinco sentidos — visão, audição, tato, paladar e olfato —, dos órgãos de locomoção (pernas) e dos órgãos transformadores do meio (braços). O sistema nervoso e o cérebro possibilitam decisões importantes baseadas nas impressões dos sentidos e na memória.

Os *órgãos internos* transformam os alimentos em energia e mantêm em funcionamento o processo vital, cuidando da reprodução. Além disso, recuperam e regeneram os órgãos exteriores.

Plantas, animais e homens são constituídos de incontável número de células, as quais têm as maiores chances de sobrevivência quando se juntam aos pares. Também nesse caso as células se subdividem, mas permanecem juntas, e cada uma se encarrega de determinadas funções específicas, tais como locomoção, nutrição e reprodução. Todos os organismos vegetais ou animais têm basicamente as mesmas possibilidades e problemas em relação à alimentação, ao espaço vital, à reprodução, etc.

Mas seremos realmente descendentes das amebas ou dos animais? Não fomos criados por Deus segundo a Sua imagem? Os textos oficiais da Igreja Católica reconhecem atualmente que a evolução aconteceu da maneira descrita por Charles Darwin [55]. Além disso, há vários paralelos entre a conduta do macaco e a do "macaco nu" humano. Feuerbach parecia ter razão quando dizia: "O homem criou Deus segundo a sua imagem".

O espírito interior e o exterior

A ciência ocidental constatou, no decorrer deste século, aquilo que há milênios se sabia no Oriente: que temos um ser interior e um ser exterior. Temos dois sistemas nervosos, dos quais um é orientado pelo meio ambiente, enquanto o outro se ocupa de processos internos. O *espírito interior,* que normalmente funciona inconsciente e automaticamente, serve-se em grande medida do sistema nervoso vegetativo. Contém o equilíbrio interno (homeostase), produz a energia necessária à atividade e desempenha o papel de governante da casa. O *espírito exterior* atua amplamente no plano consciente. Coordena o organismo com o mundo externo por intermédio dos cinco sentidos, dos órgãos de locomoção (pernas) e dos órgãos transformadores do meio (braços). Como já mencionamos, o espírito exterior tem mais características yang, enquanto o espírito interior apresenta mais traços yin.

Nas últimas décadas os cientistas comprovaram que o cérebro ancestral é o principal centro do espírito interior, ao passo que o espírito exterior é guiado pelo cérebro. Os homens se distinguem pelo seu cérebro altamente desenvolvido, do qual só há um prenúncio entre os animais primitivos. Isso corresponde à capacidade humana de pensar conscientemente e de dominar o meio ambiente. Contudo, o nosso cérebro ancestral é quase tão complexo quanto o nosso cérebro, e ambas as partes desenvolveram-se incessantemente no curso da evolução.

Como já sugerimos anteriormente, Freud via no espírito interior inconsciente uma fonte inquietante de forças destrutivas, a serem analisadas e dominadas. No Oriente, esse espírito sempre foi tido como a sede do "ser interior", fonte de profunda sabedoria e energia vital. Todas as nossas faculdades intuitivas, emocionais e "sobrenaturais" estão enraizadas no espírito inconsciente, como C. G. Jung sublinhou mais tarde. As opiniões de Freud são uma prova da falta de compreensão dos ocidentais a respeito da natureza e do ser humano. A popularidade do modelo de pensamento de Freud nos Estados Unidos assinala a tendência americana de compartimentar a realidade em categorias artificialmente simplificadas, em vez de proceder diferenciando com intuição e sensibilidade.

Temos o hábito de supervalorizar a função do cérebro. Acrescente-se a isso a tendência humana de julgar a consciência e os valores yang mais elevados do que os valores inconscientes yin. O que nos leva simplesmente ao fato de que *pensamos com a consciência*. Por sua própria natureza, nosso raciocínio consciente é orientado pelo yang. Aquele que compreende claramente esse fato simples, porém básico, pode libertar-se lentamente de sua sobrecarga cerebral. Ao fazê-lo, é preciso apenas lembrar-se de uma regra básica: quanto maior for a sensação de conflito entre consciente e inconsciente, entre masculino e feminino, entre corpo e alma ou yin e yang, tanto mais se terá perdido o contato com a realidade e consigo próprio.

É evidente que a consciência e a linguagem sempre terão certas características yang. Seria tolice tentar sair-se bem sem caracteres yang, ou refutar todas as categorias espirituais, como fazem alguns místicos. É decerto tarefa do consciente interpretar as ocorrências externas e, se necessário, reagir a elas com decisões rápidas. Uma pessoa que não sabe pensar e agir com rapidez numa emergência não é plenamente capaz de viver. Numa repentina situação de conflito com o meio que a cerca, nem sempre lhe é possível ser coerente com a parte interior do inconsciente. Freqüentemente é preciso primeiro que haja um pêndulo para estabelecer um novo equilíbrio, o que ocorre normalmente, sem que o inconsciente sofra danos. O que, entretanto, se manifesta de modo prejudicial são os conflitos continuamente não solucionados.

Ao tomarmos consciência desse fato, conseguimos nos adaptar mais facilmente, ou tanto quanto possível, ao eu interior. Uma condição de total e eterno equilíbrio não é possível, nem vale a pena tê-la como meta. O equilíbrio dinâmico contribui para a saúde espiritual e física e, em geral, é possível ser alcançado.

Quando, por exemplo, nos sentimos tensos ou cansados, não devemos inferir automaticamente que o corpo é o culpado. É bem possível que esse cansaço prematuro ou o fato de estarmos nervosos seja devido ao fato de termos procedido com muito rigor, e que devemos em primeiro lugar nos distender espiritualmente. Tão logo o espírito se harmonize mais uma vez com o corpo, nos sentiremos muito melhor; então poderemos pensar com maior clareza e atuar com maior eficácia.

Ao tentarmos em vão formular certos pensamentos ou dar forma a determinados sentimentos, não deveríamos deduzir automaticamente que algo não está certo no âmbito dos sentimentos. É bem possível que os sentimentos estejam se rebelando contra pensamentos irreais. Então, logo que começamos a visualizar a realidade tal como ela é, os sentimentos se encaixam por si mesmos na estrutura do pensamento. A frustração logo desaparece, e solucionar o problema torna-se um prazer. Idéias úteis nos ocorrem, e reconhecemos os erros de raciocínio anteriores. Encontramos por nós mesmos o caminho até as metas, que ainda há pouco jaziam a uma distância inacessível. No todo, sentimo-nos mais vivos e criativos, por estarmos em harmonia com o eu interior.

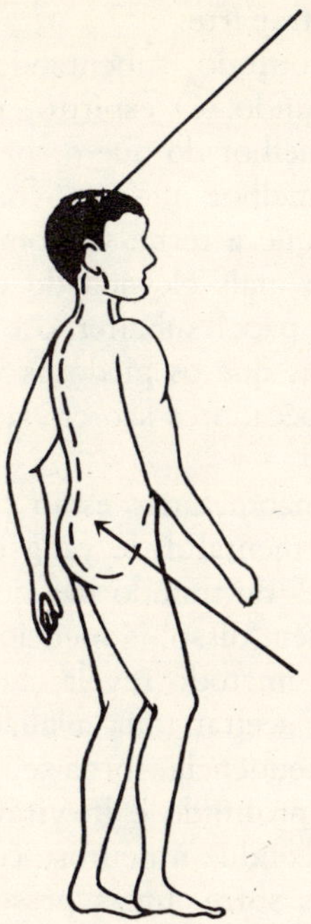

Espírito interno e externo

O *espírito exterior* é extremamente consciente e volta-se para o mundo exterior. Ele soluciona problemas externos e reage a eventos externos através de decisões e de atuações. Pela sua própria natureza, é desperto, disposto à luta e lógico. Interpreta as impressões dos sentidos e as compara com noções do passado e do futuro. Utiliza os cinco sentidos e os órgãos motores e de manipulação. Nesse sentido, instrumentos tais como a fala, a tecnologia e a cultura desempenham um papel importante.

O *espírito interior* é amplamente inconsciente e ocupa-se de processos internos, tais como o metabolismo, o crescimento, a cicatrização e a reprodução. Esses processos biológicos complicados só podem se dar sob condições favoráveis e ocorrem em grande parte de modo automático. Por isso o espírito interior já é paciente, pacífico e condicionado pelos costumes da sua própria natureza. Seu processo é em parte realizado durante o sono. Utiliza os órgãos internos, tais como o coração, o fígado, os rins, etc., e se expressa simbolicamente em nossos sonhos.

O elevado e o profundo

O que é mais importante numa casa: o telhado ou os alicerces? O que é mais importante numa árvore: a copa ou as raízes? O que é mais importante em nossa imagem do mundo: o céu ou a terra? A resposta evidente é que ambos os elementos são igualmente importantes, que se completam e não podem subsistir sem a sua contraparte.

Em nossas culturas ocidentais, contudo, subentende-se que o elevado é melhor que o profundo. O espírito, por exemplo, é mais elevado, e portanto melhor do que o corpo. O governo é mais elevado, portanto melhor que o povo. O céu é mais elevado, portanto melhor que a terra. O homem em geral é mais alto e ocupa posição mais elevada do que a mulher; então esta desempenha um papel subalterno e de menor valor. Ouvimos dizer nas igrejas que os piedosos vão para o céu (para cima), enquanto os pecadores são enviados aos infernos (para baixo).

As Escrituras cristãs, judias e maometanas estão permeadas dessas noções. São típicas da mentalidade yang ocidental e encontram-se em outras partes do mundo nas quais a cultura tem orientação masculina. Além disso, já mencionamos que a consciência humana como um todo revela certos indícios yang, de modo que podemos aceitar uma avaliação do elevado como "humano". Essa tendência torna-se, no entanto, doentia quando o elemento profundo é inevitavelmente reprimido ou até odiado. Isso conduz à neurose coletiva da qual a maioria dos ocidentais sofre, umas pessoas, mais, outras menos. A imagem do mundo passa a ser concebida de forma puramente vertical, e tudo é medido de acordo com a sua altura.

No diagrama seguinte o mundo aparece ordenado de forma circular, de modo a formar a seguinte imagem:

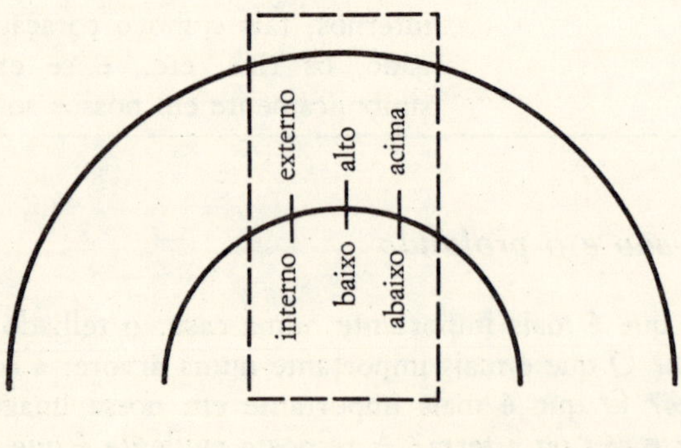

De repente torna-se claro que "elevado" significa, na verdade, "exterior". O céu é exterior e a terra, interior. O governo é exterior e o povo, interior. O consciente humano é exterior e o inconsciente, interior. Quase ninguém gostaria de afirmar que o exterior é basicamente melhor do que o interior. Com a ajuda desse modelo de pensamento, poderemos observar a realidade objetiva sem preconceitos. Chegamos então à conclusão de que em certas situações o exterior ou o interior podem parecer mais aconselháveis, mas que basicamente não existe diferença de valores. Se alguém, desde o início, rejeita continuamente um ou outro dos elementos, perde o equilíbrio espiritual e torna-se neurótico. Há na Índia, por exemplo, pessoas que se concentram apenas em sua vida interior, considerando o que as rodeia somente como ilusão *(maya)*. Essa atitude é tão irreal como a do ocidental que endeusa tudo o que é "elevado", desejando distanciar-se de tudo o que seja "baixo".

De acordo com os ensinamentos ocidentais, deveríamos nos elevar acima das necessidades terrenas e sensuais, preparando-nos para o céu. Ainda mais inferior em relação à terra, entretanto, é o que se encontra abaixo dela, ou seja, o inferno. Em suas origens, essa palavra não significava nada além de "caverna". O medo e o terror do escuro e do que está abaixo da terra, dos ocidentais, anda de mãos dadas com o medo do desconhecido, do elemento feminino e maternal e do elemento yin como um todo. (Apesar de as mulheres deterem mais direitos no Ocidente do que no Oriente, elas são, desde a mais tenra infância, subjugadas pelo sistema de valores orientados para o masculino, e quase não podem desenvolver sua profunda feminilidade.)

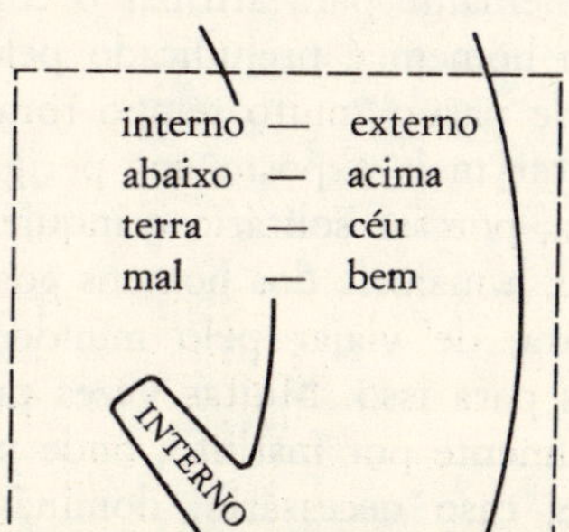

Na mitologia, a caverna é freqüentemente o símbolo do "castelo na terra", ou a matriz. A caverna às vezes é mencionada na literatura chinesa como uma espécie de paraíso, para onde as pessoas se retiram de vez em quando para reencontrar a harmonia interior e o contato com a natureza. É significativo que faltem exatamente essas duas coisas ao homem do Ocidente. Freud fez uma descoberta relevante nesse sentido; ele constatou que os seus pacientes só podiam curar-se quando reencontravam o contato com o elemento materno. Isso não surpreende ninguém, pois se refletirmos, veremos que toda a nossa cultura ocidental já há séculos perdeu o contato com o elemento materno.

Essa ênfase acentuada do "elevado" também teve um efeito confuso e pouco saudável sobre a relação física entre os sexos. Seres femininos geralmente têm preferência por lugares aconchegantes e protegidos onde se sintam em casa, onde possam formar um "ninho" e criar seus filhos. Esses lugares, pela sua própria natureza, são "baixos", não se encontram acima, onde estariam expostos à vista e a certos perigos. Neles a mulher pode ocupar-se dos afazeres maternais, oferecendo à família um lar aconchegante e seguro. Os homens, por seu lado, têm habitualmente uma forte necessidade de permanecer em lugares altos, de onde possam vigiar e dominar as redondezas.

Há várias pessoas que concluem então, inconscientemente, que as mulheres são inferiores por preferirem o "mais baixo". Esse preconceito existe não apenas entre homens que desprezam as mulheres, como também entre as próprias mulheres. Algumas até se negam a ficar embaixo durante o ato sexual, por se sentirem rebaixadas. Poder-se-ia recorrer a uma lógica semelhante para afirmar o contrário. Poderíamos dizer que o homem é prejudicado pelo seu posicionamento, por ter de passar muito tempo fora da proteção de sua casa, por estar mais exposto aos perigos devido à sua posição mais alta, por ser solitário e inquieto por natureza, etc. Na realidade, a maioria dos homens gosta da vida aventureira e insegura, de viajar pelo mundo, pois biologicamente são feitos para isso. Muitas vezes procuram as posições altas inteiramente por instinto, onde possam visualizar as redondezas e, caso necessário, dominá-las. De vez em quando, sentem saudades do calor do ninho, mas, nesse caso, não se sentem por muito tempo em seu elemento, e logo sonham com novas aventuras.

A maior parte dos seres femininos sente-se bem em casa e dá mais valor a relacionamentos humanos mais estreitos que ofereçam calor e proteção. Muitas mulheres sentem-se isoladas nos subúrbios das cidades modernas, pois falta-lhes a vida em comunidade e a atmosfera carinhosa da vizinhança ainda existente em nossas aldeias. A maioria dos subúrbios é até mais fria e solitária do que o centro da cidade. É compreensível que as mulheres prefiram trabalhar durante o dia, em vez de se aborrecerem em seu pequeno ninho. Além disso, muitas residências modernas são mecanizadas, contando com grande número de eletrodomésticos, e só podemos chegar às áreas residenciais de carro. Para dominar todas essas aquisições tecnológicas, uma mulher moderna necessita das características yang de um técnico ou de um engenheiro. Essas casas têm muito pouco em comum com o lar aconchegante que se integra organicamente à natureza e à vizinhança.

Nas antigas comunidades que cresceram organicamente, como ainda existem na atualidade em algumas regiões do mundo, as mulheres e as crianças podem usar os caminhos para pedestres (sem tráfego de veículos) para visitar os vizinhos, fazer compras ou até para ir à escola. As mulheres podem cuidar do jardim e as crianças podem brincar nos campos e nos bosques. As mães são o ponto central dessa vida comunitária e sentem-se realizadas nesse papel. Aqui também o desempenho das mulheres não é "elevado", porém elas se sentem igualmente valorizadas.

Direita e esquerda

Podemos conceber a primeira dimensão da vida como vertical, e classificar todas as coisas segundo a sua altura, como se demonstrou no último parágrafo. A segunda dimensão seria então horizontal, dividindo o mundo nos lados direito e esquerdo.

Vista objetivamente, essa divisão carece de valor. Assim como não há uma diferença entre o alto e o baixo, os setores da direita e da esquerda são, em princípio, equivalentes. Contudo, o espírito humano gosta de projetar sua noção de valores unilaterais sobre o mundo exterior, e designa então o que está situado ao alto e à direita como bom, e o que está situado abaixo e à esquerda como mau.

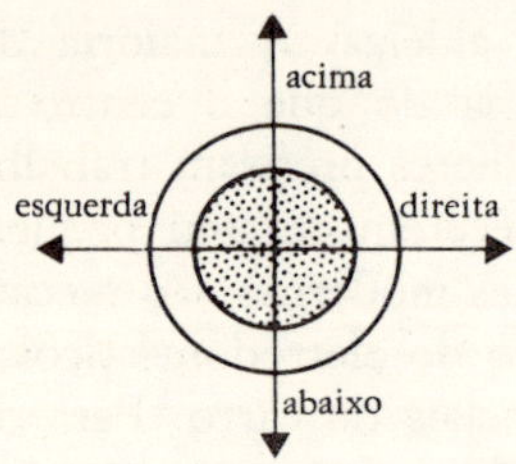

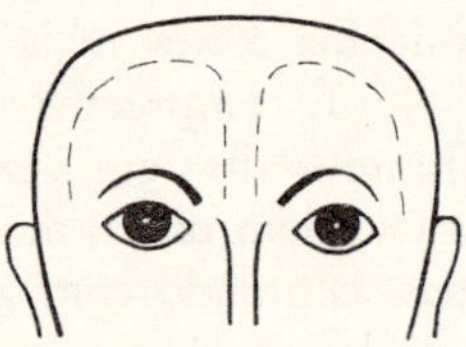

Dimensões vertical e horizontal *Hemisfério esquerdo e direito*

A razão disso está na disposição do cérebro humano, pois ele se divide em duas metades (hemisférios). O hemisfério esquerdo tem conexão com a metade direita do corpo, e vice-versa, já que os tendões musculares se cruzam. O hemisfério esquerdo, que controla o lado direito do corpo, pensa de modo mais lógico, analítico, verbal e matemático. É mais orientado para o exterior, é "masculino", ocidental e representa a mentalidade yang. O hemisfério direito, que controla a parte esquerda do corpo, tende ao pensamento intuitivo, calcado em imagens artísticas e abrangentes. Harmoniza-se melhor com o inconsciente, com o interior e com a natureza, e está mais próximo do Oriente, do elemento feminino e do yin[56].

Nas pessoas espiritualmente equilibradas, ambos os hemisférios se completam, de modo que a compreensão e a intuição trabalham criativamente juntas. Contudo, nas pessoas menos equilibradas os hemisférios trabalham um contra o outro, criando problemas internos e externos. O lado cerebral esquerdo (yang) costuma dominar, de modo que a metade direita do corpo é mais valorizada.

Na interpretação dos sonhos, também se sabe que o

lado direito e esquerdo têm, cada qual, significados particulares. O lado direito geralmente se refere ao intelecto, com a atividade e a ordem, enquanto o lado esquerdo simboliza o coração, os sentimentos, a quietude e a natureza. Na política, a direita representa a lei e a ordem reinante, e é muitas vezes designada pela esquerda como rígida, fria e pouco humana. A esquerda, ao contrário, representa mais as necessidades sentimentais do povo e é considerada pela direita como caótica, insensata e irresponsável. A direita política compõe-se geralmente de pessoas mais velhas, interessadas em bens e propriedades, e que apóiam a hierarquia vigente (o *establishment*). Na esquerda política encontramos as pessoas mais jovens, que têm poucos bens e que almejam uma ação social natural. As pessoas voltadas para a direita tendem mais ao pensamento racional e mecânico, ao passo que entre os que tendem para a esquerda encontramos pessoas mais intuitivas e os artistas.

Nossa linguagem, produto do hemisfério cerebral esquerdo, apresenta determinadas distorções a favor do lado direito do corpo. Quando, por exemplo, achamos que algo está em ordem, dizemos que está "certo" ou que está "direito". E chamamos uma pessoa desajeitada de "esquerda". Em latim, a esquerda se traduz por *sinister,* que significa ao mesmo tempo "mau" e "lúgubre". A palavra francesa *gauche* tem também uma conotação de desprezo.

A palavra "esquerda", várias vezes mencionada no Velho Testamento, tem sempre uma conotação negativa. Segundo o Corão islâmico, os escolhidos se sentarão à direita do Senhor e os condenados, à sua esquerda. As três religiões paternalistas calcadas no Velho Testamento reprimem a esquerda tanto quanto o feminino. Os maometanos só podem usar a mão esquerda para o trabalho mais sujo. Do mesmo modo, é bem sabido que as mulheres são consideradas inferiores nos países islâmicos, e que os mais "elevados" sentimentos eróticos estão reservados aos homens entre si.

As únicas culturas conhecidas que parecem haver alcançado um equilíbrio entre a direita e a esquerda são a chinesa, a dos índios pueblos, a dos hopis e a dos zunis, no sudoeste dos Estados Unidos. Certos ideogramas chineses referem-se à mão direita como aquela que mata, que derrama sangue e que executa tarefas agressivas, ao passo que a mão esquerda cura e atua de modo pacífico. Em última análise, porém, ambas as mãos se equivalem quanto à sua importância e valor. Os índios zunis visualizam dois deuses nos lados direito e esquerdo, que são irmãos: o da esquerda é mais velho, prudente, sábio e sensato, enquanto o da direita é mais impulsivo e ativo[57]. Frank Waters, autor do famoso *Livro dos hopis,* visitou a China há pouco tempo[58]. Descobriu um número surpreendente de paralelos entre o enfoque dos hopis e o dos chineses, fato que remonta em parte às suas origens comuns, no leste da Ásia.

Nas culturas ocidentais, os canhotos são considerados "anormais", e antigamente os estudantes canhotos eram forçados a escrever com a mão direita. É bem conhecido também que várias grandes personalidades eram canhotas. Entre as mais famosas encontram-se: Leonardo da Vinci, Goethe, Beethoven, Benjamin Franklin, Charles Chaplin, Pablo Picasso, Harry Truman, Gerald Ford, os Beatles Paul McCartney e Ringo Starr, e Kim Novak.

Chega-se à conclusão de que nem a direita nem a esquerda têm sempre razão. Devemos permitir que ambos os hemisférios trabalhem harmonicamente juntos, para poder alcançar excelentes resultados. Necessitamos da força da imaginação intuitiva tanto quanto da lógica. Na política, necessitamos tanto da liberdade de expressão como das regras do jogo. Na justiça, precisamos tanto da riqueza intuitiva como dos ensinamentos da lei. O bem decorre tanto no lado direito quanto no esquerdo, quando nossos hemisférios cerebrais se harmonizam entre si. Porém, nenhum dos lados tem razão quando se perde essa harmonia[59].

Qual é o seu olho dominante, o direito ou o esquerdo? Um deles é preponderante na maioria das pessoas. Estique bem o braço e olhe para algum objeto à distância, através de uma abertura que você formar entre o polegar e o indicador. Feche primeiro um, depois o outro olho. O olho dominante é aquele que continua a ver o objeto escolhido pela abertura. Aqueles em que o olho direito domina, costumam inclinar-se mais ao pensamento lógico-compreensivo, enquanto aqueles em que predomina o olho esquerdo se deixam conduzir pela intuição e pela força da imaginação.

A diferença entre os hemisférios cerebrais direito e esquerdo também se expressa nas duas metades do rosto. A interpretação do rosto tem papel preponderante na medicina oriental descrita por Michio Kuchi. Pode-se reconhecer a influência da mãe no lado direito do rosto, que é mais yang. A influência do pai se expressa mais no lado esquerdo (yin). Pela composição dos dois lados podemos deduzir qual dos dois pais foi mais sadio, mais forte e ativo.

Por intermédio da análise da fisionomia desenvolvida por Paldi, esse tema foi colocado num patamar científico[60]. A mais importante ajuda desse método consiste num simples espelho que reflete ambas as partes. Ele é colocado sobre uma foto da metade do rosto de tal modo que cada vez ela se reflete duplicada; quando olhamos a foto com o espelho colocado sobre a direita, vê-se um rosto formado das duas metades direitas, portanto em que as características típicas do lado esquerdo também são visíveis do lado direito. As características esquerdas são do mesmo modo reforçadas, quando se visualiza a imagem a partir do lado esquerdo do espelho. Podemos agora, por assim dizer, comparar a personalidade esquerda de uma pessoa com a sua personalidade direita, e isso às vezes conduz a descobertas incríveis. A maioria das pessoas tem o lado direito (yang) mais enfatizado, enquanto o lado esquerdo (yin) é mais influenciado pelos sentimentos.

O lado direito do rosto reflete:	**O lado esquerdo do rosto reflete:**
Pensamento lógico, analítico.	Pensamento/sentimento complexo, abrangendo o todo.
Sentimento da palavra e da escrita.	Pensamento/sentimento voltado à forma e ao espaço. Pensamento voltado às musas, às artes e à criatividade.
Pensamento voltado ao Ocidente.	Pensamento voltado ao Oriente.

É estranho notar que a maior parte das pessoas prefere o lado direito (yang) de seu rosto, pois este em geral é mais marcante e bem-delineado. Também é notável que as pessoas conheçam o seu próprio rosto a partir do espelho, onde aparece invertido. Quando elas então se vêem numa boa foto, dizem com freqüência: "Mas eu não sou assim". Os auto-retratos dos grandes artistas geralmente refletem uma imagem errônea pelos mesmos motivos, já que são pintados a partir do reflexo no espelho.

Apesar de a metade do rosto que revela os sentimentos parecer muitas vezes passiva e suave, não é de modo nenhum pouco interessante em sua força expressiva. E, no entanto, as pessoas voluntariosas inclinam-se a reprimir os seus sentimentos e, assim, paralisam o lado esquerdo do rosto. Nas pessoas equilibradas, bem integradas e criativas nota-se que ambos os lados da face são igualmente expressivos e se complementam.

A dimensão temporal

Nos dois últimos capítulos analisamos como todos os seres vivos são constituídos de uma dimensão vertical e de outra, horizontal. Como terceira dimensão podemos designar aquela em que um organismo se desloca: para a frente ou para trás no tempo e no espaço. As pessoas gostam de mover-se, por exemplo, em direção a uma meta; elas seguem um ideal, e se voltam para o futuro. Normalmente não se concentram no passado e só atendem ao presente de modo limitado. Imagina-se o acontecimento desejado, e então se procura influenciar as coisas para chegar a ele.

Todos esses esforços são funções de nosso espírito exterior (yang) e são por ele permeados. O espírito yang (consciente) dirige-se para fora pela sua própria natureza. Sua principal tarefa é lidar com o mundo exterior e prever os futuros acontecimentos. Em compensação, o espírito yin inconsciente é mais orientado para o presente. Ele lida muito mais com os processos internos automáticos que decorrem de acordo com padrões previstos e se relacionam com o passado. Não persegue uma meta ou ideal particular, e não pre-

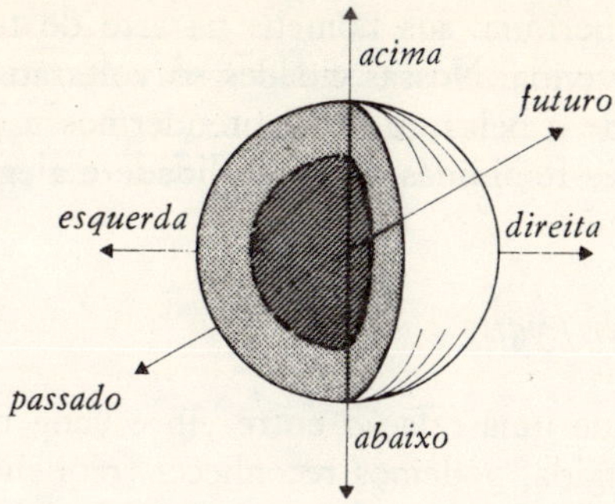

cisa controlar circunstâncias externas por meio de planejamentos racionais. Está completamente ocupado em manter o complicado organismo funcionando, e é, por assim dizer, ligado às tradições. Isso também corresponde em geral à mentalidade feminina. A maioria das mulheres vivenciam e desfrutam o presente mais do que os homens. Ao mesmo tempo, eles estão mais expostos ao presente, sofrem muitas vezes sob circunstâncias presentes desfavoráveis e não têm tanta facilidade em imaginar uma saída no futuro. Porém nas mulheres, que, assim como os homens, também pensam com o espírito consciente (yang), quase não se nota a diferença. Todavia, sabe-se que as mulheres pensam e vivem mais concretamente e que estão mais próximas do presente.

Do mesmo modo, podemos dizer que uma cultura yang como a nossa orienta-se pelo futuro, e que não sabemos lidar muito bem com o presente. Sempre estamos alguns passos à frente de nós mesmos e nunca conseguimos aproveitar bem o presente. Assim como apreciamos o céu mais alto do que a terra e a direita como mais acertada do que a esquerda, gostamos de viver espiritualmente no futuro. Estamos sempre à procura do ideal celeste, que nos acena do futuro. Nesse processo, esquecemos facilmente de tirar o melhor proveito de nossa realidade terrestre, para vivermos oportunamente no "aqui e agora", com todo o coração. Uma pessoa precisa encontrar o equilíbrio interno entre os elementos yin e yang para gozar o presente e, ao mesmo tempo, aproveitar os acontecimentos futuros. As mulheres sempre foram superiores aos homens na arte de tornar a vida digna de ser vivida. Nossas cidades só voltarão a ser dignas da humanidade e belas quando aprendermos a corresponder às necessidades femininas de naturalidade e alegria de viver.

A relação yin/yang

Ainda que uma relação entre yin e yang não constitua uma ordem rígida, podemos reconhecer freqüentemente uma certa divisão de tarefas. A lista que apresentaremos a seguir é interessante porque pode ser usada em todas as áreas da vida. Refere-se a todos os pares de conceitos já expostos neste livro, tais como: corpo e espírito, coração e cabeça, sensações e pensamentos, consciente e inconsciente, interior e exterior, abaixo e acima, esquerda e direita, ser e ter, escuridão e luz, matéria e espírito, realidade e ideal, mãe e pai, homem e mulher, pessoas com funções yin e pessoas com funções yang, etc. (Comparar com o quarto capítulo.) Examinem vocês mesmos essas regras, inserindo o primeiro conceito sobre os pares de opostos nas frases em que houver yin, e o segundo conceito nas frases que contiverem yang.

Regra 1 — Yin dá o tom e determina a atmosfera geral. Yang toma algumas decisões individuais, principalmente no que se refere ao mundo exterior e em casos de emergência.
Regra 2 — Yin vive de forma mais espontânea, intuitiva, instintiva, inconsciente e automática, e funciona sem atritos e de modo mais efetivo sob condições normais. Porém, em casos de emergência, confia na proteção das decisões rápidas de yang, que funciona de modo mais consciente e pragmático, e com maior força de vontade. Yang tende a explorar os acontecimentos e perigos externos e a dominar o ambiente que o rodeia.
Regra 3 — Yin pode estar consciente de várias coisas ao mesmo tempo, enquanto yang se concentra num único aspecto de cada vez, esquecendo-se dos outros.
Regra 4 — Yin está ligado aos processos automáticos complicados devido a condições já conhecidas, e por isso precisa apenas de uma pequena dose de centralização e de

poder autoritário. Yang está mais sintonizado com as atuações rápidas e decisivas, e muitas vezes precisa agir como centro e de modo autoritário.

Regra 5 — Em inúmeras áreas yin funciona simultaneamente e é bem equilibrado pelos vários fatores que não se pode deixar de notar. Por sua própria natureza, yang é orientado em direção a um objetivo e denota pouca sensibilidade para o equilíbrio presente.

Regra 6 — Yin liga-se principalmente a yang, e vê nessa relação a sua tarefa de vida. Yang, ao contrário, forma uma camada entre yin e o mundo exterior, e por isso sua atenção está dividida entre o yin (interior) e o meio ambiente (exterior). Aqui reside a origem de muitos conflitos no amor e no casamento.

Regra 7 — Enquanto yin cuida da energia da força vital e da alegria de viver, yang desempenha de preferência o papel do intermediário entre yin e o mundo exterior. Esse papel parece glorioso, porém muitas vezes é ingrato, levando a conflitos de interesses.

Regra 8 — Yin não tem nenhum talento especial para delinear o futuro, forjar grandes planos e assumir grandes responsabilidades, ou entabular revoluções. Quando as mudanças são inevitáveis, yin prefere confiar num yang responsável que, por sua natureza, prefere se adaptar ao mundo de seus ideais.

Regra 9 — Quando yin e yang se harmonizam conseguem "boas vibrações", que atuam de modo benéfico em todos os âmbitos da vida. Uma falta de harmonia tem efeitos desfavoráveis em todos os setores da vida.

Regra 10 — Tanto yin como yang funcionam melhor quando estão bem afinados um com o outro. Entretanto, yang é impelido a explorar o mundo externo e a alimentar idéias abstratas. Ao fazê-lo, muitas vezes perde o contato com a realidade e com yin. Assim que yang retorna e restabelece contato, a harmonia se instaura novamente. Esta, porém, não dura muito, pois logo yang começa a sonhar com aventuras novamente, e o ciclo se repete.

Regra 11 — Atritos eventuais entre yin e yang são inevitáveis. Eles podem agir de modo estimulante, ativando os impulsos criativos. Mas ambos os lados sofrem quando não aparece logo uma solução construtiva. Tão logo os enfoques antagônicos sejam integrados mais uma vez num conceito novo e prático, yin e yang podem voltar a se completar, e a atuar em conjunto.

Regra 12 — Em caso de conflito, o mal-entendido é quase sempre bilateral. Então yin costuma acusar yang de arrogante, rígido, ambicioso, desprovido de sentimentos, pouco inteligente, pouco humano, etc. Do mesmo modo, yang acusa yin de astuto, caótico, sentimental, ilógico, destrutivo, histérico, etc.

Regra 13 — Quando yin chega a um extremo, yang inclinase ao outro extremo, e vice-versa. Ambos os lados perdem mais ou menos o seu equilíbrio, assim que um dos lados sai do circuito.

Regra 14 — Nem yin nem yang pode jamais reconhecer a plena verdade ou toda a realidade: porém, quando se harmonizam, a verdade torna-se um acontecimento, e cada lado aprende com o outro.

Regra 15 — Quando yin e yang vivem em mútua sintonia, sentem-se interligados com todos os seres vivos e com a natureza. Há uma compreensão recíproca não apenas no nível verbal e intelectual, mas também nos níveis inconscientes mais sutis. Até as células de diversos seres vivos podem estar interligadas entre si[61].

Regra 16 — Uma relação harmoniosa entre yin e yang age de modo benéfico em todos os setores da vida humana no que se refere ao trabalho, ao casamento, à vida afetiva, às circunstâncias sociais e financeiras e no âmbito da fé.

Regra 17 — Como é necessário que yang atue rapidamente em casos de emergência, yang não pode sempre pedir primeiro a aprovação de yin. Portanto, yin deve ter suficiente confiança em yang para permitir que isso ocorra. Por outro lado, yin tem o direito de exigir uma explicação mais tarde e o retorno às condições normais.

Regra 18 — Como yang nota vários desenvolvimentos exteriores que yin ainda não percebeu, às vezes pressiona para fazer mudanças. No entanto, yin, pela sua própria natureza, é mais ligado aos costumes que por vezes são impostos biologicamente, e que são de importância vital. Por isso, yin só aceita o desafio com alguma relutância, quando finalmente está convencido da necessidade da mudança. É freqüente que também rejeite a transformação.

Regra 19 — Como yin é mais consciente das necessidades interiores, biológicas e emocionais, sente instintivamente quando yang foi longe demais em suas excursões, e quando deve "voltar para casa".

Regra 20 — Essas regras não devem ser compreendidas como leis anteriores e sim no sentido da imagem yin/yang, do modo como ela está representada simbolicamente. Yin e yang estão constantemente se intercalando, e cada qual guarda dentro de si o germe de seu próprio pólo oposto, ou seja, cada noção exagerada tende a voltar-se para o seu oposto.

A harmonia dos contrários

Se compararmos o modo de pensamento e de vida do Oriente com o nosso, ocidental, podemos descobrir em ambos feições desejáveis. Nem nós nem os chineses possuímos a patente para a solução de todos os problemas da vida. Porém todas as culturas sadias se desenvolvem ao aprender umas com as outras. Se a cultura oriental ocasionalmente contiver um elemento importante que nos falte, podemos inseri-lo na nossa cultura; assim vivenciaremos uma vida mais plena. Aquele que se identifica demais com uma cultura estrangeira, pode certamente desenvolver traços esquizofrênicos. A Europa cometeu esse erro há quase dois milênios, ao importar todo um sistema religioso do Oriente Médio, renegando o seu próprio passado. Quando, porém, as idéias estrangeiras escolhidas forem introduzidas aos poucos, a síntese resultante pode ser muito útil, superando por vezes as idéias originais. Por exemplo, se interpretarmos a sabedoria intuitiva dos chineses com a nossa lógica ocidental, até os chineses poderão tirar proveito disso. Os japoneses já o fazem há bastante tempo, no sentido contrário, ao acrescentarem à tecnologia ocidental uma nuance do gênio oriental, surpreendendo-nos com suas idéias e produtos.

Ao que parece, atualmente as nossas noções ocidentais tornaram-se estéreis, o que é preocupante, pois nossa cultura vem se desenvolvendo de modo unilateral há muitas gerações. Só gozamos a metade da vida, pois vemos polaridades opostas por todos os lados e temos que nos decidir por uma delas. As pessoas mais sensíveis estão paulatinamente tomando consciência dessa realidade; surgem novas idéias, e talvez dentro de algumas décadas os nossos conceitos já sejam aceitos como evidências. Então será mais fácil para as pessoas entrever as supostas oposições. Ao nos sintonizarmos melhor com os valores yin/yang, nossa vida se torna mais plena de sentido e de harmonia. Em vez de chorar paraísos perdidos e de sonhar com futuras utopias, podemos criar uma espécie de céu na terra, aqui e agora.

Se, ao contrário, o espírito humano lutar contra si mesmo, verá conflitos e problemas em toda parte. Conhecemos muito bem os modelos de comportamentos considerados "normais" nas sociedades neuróticas:

— Sentimentos inauditos devem ser reprimidos.
— O inconsciente caótico deve ser subjugado.
— O corpo é um instrumento baixo e pecaminoso.
— O elemento feminino é inferior.
— O pai tem sempre razão.
— Não se deve questionar o governo.
— O espírito é bom e a matéria é má.
— Os ideais e as teorias são bons, e a realidade e a prática devem ser forçadas a se adaptar a eles.
— Os valores yang são mais elevados e, portanto, melhores do que os valores yin.

As pessoas que se harmonizam consigo mesmas têm idéias mais sensatas:
— Os sentimentos sutis são reconhecidos nos estágios iniciais e inseridos de modo construtivo nos pensamentos.
— As energias inconscientes são utilizadas pelo consciente como uma fonte de energia vital e de idéias criativas.
— O espírito e o corpo se complementam e apóiam reciprocamente. Corpo e espírito são sentidos como uma unidade.
— Homens e mulheres se valorizam e admiram.

— O pai decide as questões exteriores, mas a mãe cria a atmosfera geral.
— O governo toma as decisões individuais, porém o povo dá o tom e a direção geral.
— O espírito fornece a forma que corresponde ao material.
— Os ideais (teorias ideais) das pessoas tornam-se mais práticos, e a vida diária é melhor.
— Valores yin e yang se completam para o bem de ambos.

Ideal e realidade

Ninguém duvida que o homem e a mulher podem se amar, e pela experiência sabemos que os pensamentos e sentimentos podem harmonizar-se. Mas será oportuno esperar amor e harmonia entre o ideal e a realidade, ou entre a teoria e a prática? Não existe uma diferença enorme entre o mundo real e o mundo ideal, entre as nossas teorias e as nossas práticas?

Podemos responder que um espírito equilibrado e criativo forja ideais que podem ser realizados em amplo sentido, ao passo que um espírito confuso cria ideais que estão acima de qualquer possibilidade. Ideais e teorias não existem simplesmente em si. Surgem no espírito humano e refletem a qualidade dessa humanidade. Um espírito equilibrado avança passo a passo rumo a metas sensatas, cuja realização é possível e provável — e, de vez em quando, adapta o seu ideal à realidade.

Só assim se explicam os êxitos dos grandes cientistas. Pessoas como Einstein sabem que toda teoria só pode ser uma hipótese provisória, uma meta passageira que talvez venha a ser adaptada a descobertas futuras. Essas teorias obtêm sucesso por estarem cuidadosamente afinadas com a realidade e com a prática. As pessoas equilibradas respeitam a realidade e têm para com ela uma relação de carinho. Desenvolvem primeiro uma idéia de como se poderia melhorar as condições vigentes, porém também estão dispostas a melhorar suas idéias, caso isso seja necessário. Tratam de que o seu ideal e a sua realidade se beneficiem e se guiem mutuamente.

Os desequilibrados e os fanáticos, ao contrário, prejudicam em última análise a si mesmos e aos outros, pois têm ideais e teorias impossíveis, e exigem que a realidade se adapte a eles. De início, eles podem ter sucesso exterior desse modo, mas no final comprovam que a vitória foi cara demais e não lhes ofereceu uma verdadeira realização. Então eles se irritam ou chegam à conclusão de que o mundo não é suficientemente bom para os seus nobres ideais. Mas mesmo assim, quando parecem haver alcançado a sua meta, quase não podem usufruí-la por estarem, tanto como antes, vivendo conflitos internos.

O céu é um âmbito do qual os homens gostam de projetar suas idéias de um mundo pleno. Conhecemos a noção bíblica sobre o céu, porém algumas pessoas também sonham com outros céus: moradores de grandes cidades sonham com as ilhas dos mares do sul, pessoas oprimidas sonham com uma sociedade sem hierarquias, os famintos anseiam por uma *schlaraffenland*[1] paradisíaca. Costumamos considerar paradisíacas as coisas que nos faltam no dia-a-dia.

O que foi dito da relação entre o ideal e a realidade também é amplamente válido no que diz respeito à relação entre o céu e a terra. Ambos os conceitos se completam, como os dois lados da mesma moeda. As pessoas emocionalmente divididas tentam, sem cessar, rachar essa moeda e separar os conceitos que deveriam complementar-se. O resultado é uma imagem de um céu absolutamente bom, que está acima, dominador, de uma terra incompleta e miserável. De acordo com elas, o espírito puro e imaculado reside no céu, enquanto a humanidade pecaminosa passa seu tempo em servidão na terra. Anjos puros e assexuados flutuam no céu, enquanto a humanidade precisa sofrer na terra por haver cometido o pecado original, fruto do ato sexual pecaminoso.

Essas idéias levaram inúmeras pessoas a viver de um modo mais ou menos esquizofrênico. Sua imagem do mundo é dualista e conduz forçosamente a conflitos internos. Sob a superfície "bondosa" esconde-se todo tipo de ódio e de sentimentos de culpa.

---

1 Schlaraffenland, *ou Terra de Sonhos, conto infantil alemão muito popular, onde todas as coisas são comestíveis. (N. do T.)*

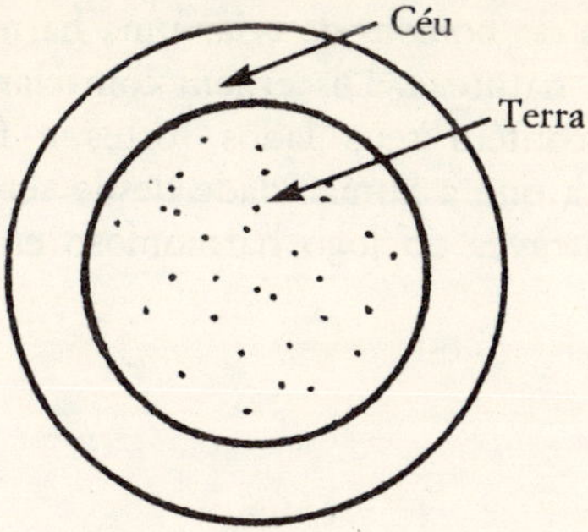

Os que são emocionalmente equilibrados e integrados imaginam o mundo de outra maneira. Acreditam na relação harmônica entre as forças do céu e da terra. Sabem que nem a terra nem o céu são perfeitos, mas que juntos podem formar uma perfeita harmonia. Por isso usufruem as bênçãos do céu e da terra. Desfrutam as alegrias sensuais da terra e as alegrias espirituais do céu. Sua realidade terrestre raramente perde contato com seus ideais celestes. Seu corpo está em contínua inter-relação com o espírito. Corpo e espírito se completam assim como o céu e a terra. O corpo é visto como uma obra de arte celeste, e o espírito mantém sua naturalidade através do contato com o corpo. Cada desarmonia que perdura entre espírito e corpo, consciente e inconsciente, ideal e realidade ou céu e terra é vista como um sinal perigoso do início da queda, exigindo imediato cuidado e restabelecimento.

Aqueles que têm uma relação carinhosa com a terra cuidam melhor dela. Visualizam a terra como o jardim do paraíso e não como uma fonte de renda. Gostam de viver com bastante simplicidade e em sintonia com a natureza, e não como ladrões e saqueadores que esgotam as reservas da terra, para então sair à procura de outras regiões e planetas não desgastados.

Aqueles que são intimamente integrados imaginam a relação entre homem e mulher, pai e mãe e yin e yang como um jogo harmonioso, e não como uma competição entre forças concorrentes. Sabem que conflitos ocasionais entre os dois elementos são inevitáveis, porém também acreditam na força intrínseca do homem de criar uma harmonia interior e exterior com a natureza. Discernem com clareza que ambos os elementos contêm seus lados fortes e fracos. O "céu sobre a terra" a que a humanidade desde sempre aspirou só pode ocorrer através do jogo harmonioso entre yin e yang.

Notas e referências

1 Ralph Waldo Emerson, *Essays,* editado em 1841 e 1844 (1858), Hendel, Halle a. d. S., o. J.

2 Duas das mais conhecidas traduções alemãs são: *Die Bahn und der rechte Weg des Lao-Tse,* tradução de A. Ular, Insel, Frankfurt, 1976 (Insel-Bücherei, 991).
Tao te king. Das Buch vom Sinn und Leben, tradução de R. Willhem, Diederichs, Colônia, 1978.

3 Richard Wilhelm (tradutor), *I Ging — Das Buch der Wandlungen,* Diederichs, Colônia, 1960.

4 Edmond Bordeau Szekely, *Das Friedensevangelium der Essener,* Bruno Martin, Frankfurt, 1977.

5 Merlin Stone, *When God was a woman,* Nova York, 1976.
Michael Adam, *Womankind,* Harper & Row, Nova York, 1979.
Elizabeth Fisher, *Woman's creation,* Wildwood House, Londres, 1979.

6 Adelle Davis, *Jeder kann gesund sein,* Hörnemann, Bonn, 1974.

7 Harry Harlow talks, *in Psychology Today,* Nova York, abril de 1973.

8 Frederick Lobeyer, *Geburt ohne Gewalt,* Kösel, Munique, 1981.

9 Jean Liedloff, *Auf der Suche nach dem verlorenen Glück,* Beck, Munique, 1980.

10 Lin Yutang, *Weisheit des lächelnden Lebens,* DVA, Stuttgart, 1963.

11 Benjamin Spock, *Aufforderung zum Widerspruch,* Ullstein, Frankfurt, 1970.

[12] Ted Klein, *The father's book,* Ace Publ., Nova York, 1968.

[13] Desmond Morris, *Der nackte Affe* (O macaco nu), Droemer, Munique, 1980.

[14] J. B. Priestley, *Rain upon Godshill,* Readers Union, Londres, 1941.

[15] Arnold Toynbee, *Der Gang der Weltgeschichte,* EVA, Frankfurt, nova edição, 1979.

[16] George Steiner, "Bluebird's Castle", *in Psychology Today,* fevereiro de 1973.

[17] Erich Fromm: *Wege aus einer kranken Gesellschaft,* EVA, Frankfurt, edição de 1981.

[18] Ver também Christopher Markert: *Der Markert-Figurentest,* Bauer, Freiburg, 1979.

[19] Arthur Janov, *Der Urschrei,* Fischer, Frankfurt, 1975.

[20] Ver também Robert Mendelsohn, *Confessions of a medical heretic,* Chicago, 1979.

[21] Michio Kushi, *Das Buch der Makrobiotik* (O livro da macrobiótica), Bruno Martin, Frankfurt, 1980.

[22] Abraham H. Maslow, *Psychologie des Seins,* Kindler, Munique, 1978.

[23] Eugen Herrigel, *Zen in der Kunst des Bogenschiebens,* Barth, Munique, 18. Edição de 1978.

[24] Charles Moore, *The Japanese mind,* Honolulu, 1967.

[25] Veja nota 10.

[26] Veja nota 2 (tradução do autor).

[27] Stan Gooch, *The paranormal,* Wildwood House, Londres, 1978.
Stan Gooch, *Total man,* Abacus, Londres, 1975.

[28] Alfred Douglas, *The oracle of change,* Penguin Books, Londres, 1976.

[29] Fritjof Capra, *Der kosmische Reigen,* Bart, Munique, 1977.

[30] Havelock Ellis, *The dance of life,* Greenwood Press, 1973.

[31] Veja nota 5.

[32] Soldan/Heppe/Bauer, *Geschichte der Hexenprozesse* (1912), Nachdruck Kiepenheuer & Witsch, Colônia, 1975.

[33] Heathcote Williams, "The foreskin file", *in Co-Evolution Quarterly,* EUA, 1980.

[34] C. H. Bell, W. L. French, *Organisationsentwicklung,* UTB, Editora Haupt, Berna, 1977.
Edward E. Lawler, *Motivierung in Organisationen,* UTB, Editora Haupt, Berna, 1977.

[35] Veja nota 15.

[36] T. W. Adorno, *Studien zum autoritären Charakter,* Suhrkamp, Frankfurt, 1975

[37] Veja nota 4.

[38] Eckart Peterich, Pierre Grimal, *Götter und Helden,* Walter, Freiburg, 1973.

[39] Ferdinand Herrmann, *Symbolik in den Religionen der Naturvölker,* Hiersemann, Stuttgart, 1961.

[40] Albert Einstein, "Why socialism?", *in Monthly Review,* vol. 1, Nova York, 1949.

[41] Ruth Benedict, *Urformen der Kultur,* Rowohlt, Reinbek, 1955.

[42] Veja nota 14.

[43] Erwin Schrödinger, *Geist und materie,* Coleção Die Wissenschaft, 113, Vieweg, Wiesbaden, 1965.

[44] Veja nota 10.

[45] Barbara B. Brown, *New mind, new body,* Harper & Row, Nova York, 1974.

[46] Veja nota 30.

[47] Felix Riemkasten, *Die Alexander Methode,* Haug, Heidelberg, 1967.

[48] Christopher Markert, *Ohne Brille besser leben,* Bauer, Freiburg, 1981. Ver também M. B. Rosanes-Berrett, *Millionen könnten besser sehen,* Econ, Düsseldorf, 1976.

[49] Michio Kushi, "Is milk natural?", *in East West Journal,* Boston, junho de 1980.

[50] Tom Monte, "Is America going crazy?", *in East West Journal,* Boston, setembro de 1980.

[51] Dr. D. Mark Hegsted, Harvard School of Public Health, debate no Senado, julho de 1976.

[52] Veja nota 20.

[53] Veja nota 49.

[54] Julian Huxley, *Ich sehe den künftigen Menschen,* List, Munique, 1965.

[55] Catholic Truth Society, *Evolution and the existence of God,* Londres, SW 1 (o. J.).

[56] T. R. Blakeslee, *The right brain,* Anchor/Doubleday, Nova York, 1980.
Robert Ornstein, *Die Psychologie des Bewusstseins,* Kiepenhauer & Witsch, Colônia, 1976.

[57] Rodney Needham (ed.), *Right and left,* Chicago University Press, 1978.

[58] Frank Waters, *Das Buch der Hopi,* Diederichs, Colônia, 1980.

[59] Um boletim de notícias para canhotos é publicado por: LOL, Box 89, New Milford, N. J. 07646, EUA.

[60] W. H. D. Paldis, *Das Geheimnis unseres Gesichtes,* Econ, Düsseldorf, 1981.

[61] C. Bird, F. Tompkins, *Das geheime Leben der Pflanzen,* Scherz, Munique, 1973.